世界一たのしくてためになる
「幸せ」の授業

ひすいこたろう

サンマーク
文庫

文庫化にあたって

60分で、みるみる幸せが見えてきます！

『人生がときめく片づけの魔法』の、こんまりさん
が素晴らしいことを教えてくれました。

片づけの魔法は、世界42カ国で1,400万部以上売
れて世界的ベストセラーになっていますが、そのあ
まりのスピードに自分の心がついていかなくて心が
ボロボロになっていた時期があると、自身のYouTube
チャンネルで語られていました。

その時、「そもそも私は何がしたいんだっけ？」と
自分と向き合ったら、ときめくものに囲まれた、片
付いたお家で家族と仲良く暮らしながら、ゆっくり
お茶を飲みたい。それが誰にも影響を受けてない、彼
女の望む本当の幸せだったと気づいたそうです。

そう。仕事で忙しくて幸せの原点を見失っていた
のです。それでアンティークの素敵なマグカップを

買って、お庭を見ながらティータイムをゆったりとったら見事に満たされたのだとか。

　その幸せは、本を書く前、１Ｋの部屋でお茶を飲んでた時と同じ幸せで、何も成功しなくても、人は、こんなことで深く満たされるんだとビックリしたそうです。

　幸せってほんとは身近なところにあると、こんまりさんが教えてくれました。
「成功しないと幸せになれない」「お金持ちにならないと幸せになれない」って、僕ら人類は勘違いしてましたね。素敵なマグカップさえあればほんとは幸せになれるんです。

　確かにコロナが教えてくれました。友達と一緒に普通に飲みに行けて、大声で笑い合えるってめちゃめちゃ幸せなことだったんだって。

　「当たり前」って漢字、当たりは目の**前**にあるって教えてくれています。

　この本を読むと、みるみる幸せが見えてきます。

だって、当たり前の日常にたくさんの本当の幸せが隠れてるから。

『見る見る幸せが見えてくる授業』を文庫化していただけるということで読み返したんですが、「これ、自分で書いたの？」ってくらい面白かったです（笑）。こんな面白い本を書ける自分に自信が持てました。

　自分で言うのもなんですが、いい本です。
「お、ねだん以上、ニトリ」ならぬ「お、ねだん以上、ヒスイ♪」と覚えてください。
　いや、忘れてください（笑）。
　楽しんでいただけると嬉しいです。

　　2023年5月

　　　　　　　　　　　ひすいこたろう

本書は2017年12月に小社より出版された『見る見る幸せが見えてくる授業』を改題し、文庫化したものです。

本文イラスト……西垣 静
本文デザイン……斎藤 充(クロロス)
本文DTP……朝日メディアインターナショナル
校正……株式会社ぷれす
編集……岸田健児／新井一哉(サンマーク出版)

突然ですが、質問です。

「晴れ」ってなんですか?

What is「HARE」?

もちろん、こんなことを聞くのにはふか～い理由があるんです。

ほんとうの意味で、「晴れ」とはどういう状態なのかがわかれば……

これまで僕らが、「なぜ幸せになれなかったのか」、その理由がわかるからです!

それでは正解を発表しましょう。

「晴れ」とは、太陽が照り、青空が広がっていることではないのです。

実は「晴れ」とは……

　違いますって！　それは「ハーレー」！　このバイクと、「晴れ」にはなんの関係もありません！

　では、気を取り直して正解に行きましょう。

「晴れ」とは、「太陽があること」じゃないんです！

　なぜなら太陽はいつもあるからです。

「晴れ」とは、「雲がないこと」です！

「雲の向こうはいつも青空」

by ルイーザ・メイ・オルコット（アメリカの作家）

そうなんです。雨の日も、嵐の日も、その雲の向こうはずっと青空でした。あなたが悲しくて泣いた日も、心がどんより曇っていた日も、雲の向こうはず〜っと青空！　どんな日だって、雲の向こうで太陽は輝いているのです。

　ここで、こう置き換えてみてください。

「心が晴れた状態」＝「幸せ」

「心が曇った状態」＝「不幸」

「晴れ」がどんな状態かを知ったあなたなら、どうすれば幸せな状態が作れるか、わかりますよね？

晴れ（幸せ）を作り出そうとするのではなく、雲（不幸）をとりのぞけばよかったんです。

　こんなふうにね。

ほら。「青空（幸せ）」が見えた！

僕らはこれまで、

「どうやったら青空（幸せ）を作れるんだ？」

　と、幸せになる方法を見つけようとしていたから、
なかなか「幸せ」になれなかった。

方向が逆だったんです。

「不幸」や「悩み」という名の雲を1つ1つ、丁寧
に取りはらっていけばよかった！

　そもそも、漢字の「幸」の語源だって、そのこと
を示しています。

実は、「幸」＝「手錠」の
意味でした！

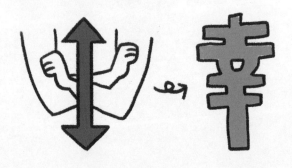

「幸」は、両手にはめる刑罰の道具である手枷（手錠）の象形文字だったわけです。

なんで「手錠」が「幸せ」の意味になったのか？

「ふ ─── 。手錠をはめられなくてマジでよかったね！」

語源的にも、「不幸（雲）がない状態」＝「幸せ」だったわけです。

そこでこの本は、不幸（悩み）を簡単に取りはらえるよう、

「不幸（悩み）の正体」を
"見える化"しました！

不幸の正体がわかれば、解決方法もおのずとわかります。

幽霊もあんなうっすら半透明じゃなくて、はっきり正体が見えたら、人間と一緒だから怖くありません（笑）。それと同じように、不幸もその正体がはっきり見えれば、怖くないんです！

それどころか、実は不幸は「幸せの前半分」だったことに気づけます。

だからこその“見える化”です。

〔夢が叶わない原因〕、〔人生がつまらない原因〕、
〔物事に行き詰まってしまう原因〕など、
「不幸な現実」や「問題の本質」を“見える化”する
ことで、解決の糸口がわかります。

　アメリカの発明家であり科学者のチャールズ・F・
ケタリングはこう述べています。

「問題をうまく定義できたら
半分解決したようなもの」

　お届けするのは、ごほん、ごほん。**12年間、「幸
せ」に関する本だけを書き続けた**ひすいこたろう先
生です（自分で「先生」って言うなって？）。

この本は、あなたの心を
晴れ晴れさせる本です。

　読み終える頃には、「雲（不幸）の間から差し込む
光こそ、最も美しい」ということに気づくことでし
ょう。

　ほらね？　では、幸せになる覚悟ができた方から
席にお着きください。
　覚悟ができたようですね。では始めましょう。

　追伸
　最初の授業は、はじまりの会の次に大事な話です。
　立ち読みしているあなた！
　次の1話（24ページ〜35ページ）を読み終わるま
では立ち読みをやめないでくださいね（笑）。

　　　　　　　　　幸せの翻訳家　ひすいこたろう

世界一 たのしくてためになる 「幸せ」の授業

もくじ

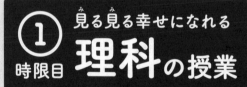

① 時限目 見る見る幸せになれる 理科の授業

② 時限目 見る見る幸せになれる 社会の授業

③ 時限目 見（み）る見（み）る幸せになれる
算数の授業

④時限目 見る見る幸せになれる 国語の授業

昼休み 見る見る幸せになれる 給食の時間

見る見る幸せになれる

7 時限目 **図工の授業**

見る見る
幸せになれる
理科
の授業

不幸のラスボスの正体

難易度 ★★★☆☆ 復習CHECK 🍎🍎🍎

問題

さっそくですが、理科の授業らしくビーカーを使いましょう。ビーカーに水が半分まで入っています。さて、このビーカーの水に対して、少なくとも3つの「ものの見方」があります。どんな見方があるか、3つ考えてみてください。「あ、そこの、まさし君、ビーカーから水があふれてるから！」

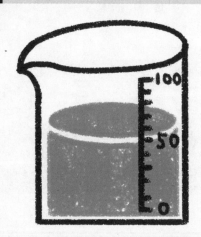

ヒント

　まずは、

① 「水が半分しか入ってないじゃないか！ 気に入ら
ない」（プリプリ）という否定的な見方と、

② 「水が半分も入っていてうれしい」という肯定的
な見方があります。

　では、3つ目はなんでしょうか？

　これがわかると、あなたは、「幸せを感じる心」を
手に入れることができます。

　「だから、まさし君、それ飲んじゃダメ！」

解説 **このままではあなたは幸せになれない**

「このままでは、何をしても幸せになれない」

その真実に気づけたら、実は、あなたは幸せにとても近づいています。**僕らが、このままでは幸せになれない理由を説明しましょう。**

これまでの人生で、あなたが、「これはうまくいった！」「これは満足だった！」「成功した！」

と感じたことを、思いついた範囲でいいので3つくらい思い浮かべてください。

「受験に合格した」「マラソン大会で優勝した」という人もいるでしょうし、「バレンタインチョコを3つももらった」「希望の会社に入社できた」「ナンバーワン営業マンになれた」「起業に成功した」「エルメスのバーキンを買った」「ほしかった車を手に入れた」「年収が倍になった」「マイホームを手にした」という人もいるでしょう。

「好きだった人と付き合えた」「結婚した」という人もいるかもしれません。

では質問です。

それであなたは今、幸せですか？

　そう聞かれると、即答で
「はい！　今、幸せです」
　と胸をはって言える人は少ないと思います。

「いやいや、たしかに私は今、幸せではないけど、お金持ちの人は今まさに幸せでしょ!?」と思う人も多いかもしれません。ほんとうにそうでしょうか？
　年収が300万円あれば、世界のトップ1.67％に入るお金持ちです（グローバルリッチリスト調べ）。
　日本人というだけで世界的にはすでに超お金持ち。
　なので、あなたも実はお金持ちの可能性が高いのですが、それほど幸せは感じてないですよね？

　今までだって、多少なりとも「成功」を手に入れてきているのに、なぜ心から幸せだと言い切れないのでしょうか？
　その答えは、ミュージシャンの甲本ヒロトさんの言葉にあります。

「幸せを手に入れるんじゃない。

　幸せを感じることのできる心を手に入れるんじゃ」

　そう、僕らが「今、幸せ」じゃないのは、肝心な
「幸せを感じる心」を手に入れてこなかったからです。

　では「幸せを感じる心」とは、どんな心でしょう？

　それが冒頭の問題になります。

　ビーカーに入った水に対して、あなたはどちらの
「ものの見方」をしましたか？

①「水が半分しか入ってないじゃないか！　気に入
らない」（プリプリ）

②「水が半分も入っていてうれしい」

　そしてもう１つ。こんな見方だってできるのです。

正解は……

③「半分も残して くれていてありがたい」 と感謝で受け取る見方。

何ごともない、当たり前のことにさえ感謝することだってできるんです。

ビーカーに半分の水が入っているという事実に対して、どう受け止めるかは、僕らの自由なんです。

この受け止め方に、「幸せを感じる心」があります。

では、もう1つ。まさし君があふれさせてしまったこのビーカーを見てください。

水があふれたビーカーを見て、

「100％しか水が入ってないじゃないか!!」

と文句をブーブー言う人がいます。

「そんな文句言う人いるかな？」

って思いましたよね？

そんな人がいるんです。

どこにいると思いますか？　誰だと思います？

まさし君ではありませんよ（笑）。

あなたのことです！
犯人はあなたです！

目が見えて、

こうして本を読むことができて、

耳が聞こえて、

声が出て、

今日もごはんが食べられて、

おしっこだってちゃんと出て、

両足で歩けて、

今日帰る家があって、

友達もいるのに……

昨日亡くなった人が、なんとしてでも生きたかった「今日」という1日を生きてるのに、まだ、幸せじゃないと思っている、あなたのことです！

100億円もらっても
あげたくない両手、両目、両足、両鼻
(鼻は1つか……)を
最初から持ってるのに、
そのことに、生まれてから
一度たりとも感謝したことがない
僕らのことです。

「家族と一緒にラーメン屋さんに行きたい」
「家に帰りたい」
「大人になりたい」
　これらは、小児がんの病棟で語られる子どもたちのいつか叶えたい夢だそうです。
　そう、僕らは彼らの願う、いつか叶えたい夢の中を今日も生きています。

　ロシアを代表する文豪ドストエフスキーは19世紀にすでにこう言い切っています。

「人間は自分が幸福であることを
　知らないから不幸なのである」

　　　　　　　by ドストエフスキー

　僕らは、もともと幸せの海の中で生活しているのです。でも、幸せの海の中にいるから、その幸せに気づけなかったんです。

魚が海の存在に
気づけないように……。

「海の中にいる幸せ」に気づける魚は、釣り上げられて陸にあげられた魚だけです。

　目が見えない方は、パートナーの顔にずっと触れていることがあるんだそうです。

　1秒でもいいから相手の顔を見たいからです。

　しかし、あなたは目が見える。**だから、「目が見える幸せ」が見えてなかったんです。**

　虫歯になった人には、「歯が痛くない幸せ」がはっきり見えてきます。足を骨折した人には、「歩ける幸せ」が見えてきます。髪が薄くなった人には、「髪がある幸せ」が見えてきます。

僕らは、今、幸せの海の中にいるんです。

　なんでもない小さな日常が実は、1つ1つ奇跡と言えるほどの幸せなんです。でも、当たり前すぎて、それが幸せだと気づくことができなかった。

　失う前に今日、そのことに気づきましょうよ。

　というわけで、今日は、不幸の最大原因である、「不幸のボス」をお呼びしています。

ボス、お入りください。

ボスがしてるサングラス。

これが、不幸の最大原因を見える化したものです。

これが不幸の原因

「古い眼鏡をかけたまま、
　新たな世界を見ることはできない」

by 田坂広志

　これまで僕らは「不幸を見るメガネ」をかけて世界を見ていたんです。だから、どんなに外側を変えても、見える世界は暗いままだった。

その不幸メガネを今日、
ゴミ箱に捨てましょう。

この本を最後まで読む頃には、これまでの「不幸メガネ」が、クリアーに幸せが見える「幸せメガネ」に切り替わっていることでしょう。

　はい。本日、あなたの「きらきら幸せメガネ」が届いております。

テストに出る！ 先生からのワンポイントアドバイス

幸せは「なるもの」ではないんです。
幸せは「あるもの」です。
幸せは「気づくもの」です。

嫌いな人がいるって 超HAPPYじゃん

難易度 ★★☆☆☆ 　　復習CHECK

この問題は、『ウォーリーをさがせ！』ならぬ、「結婚相手を探せ！」です。あなたが結婚相手として選ぶべきベストパートナーは図の「YOU」から見て、①〜⑤のどの位置にいる人でしょうか？（「イヤ、もう結婚しちゃってるし」という、チーム「手遅れ」の方にこそ、実は読んでほしい内容です）

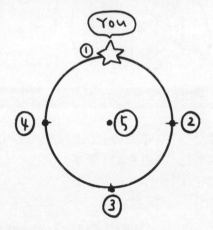

36

ベストパートナーですから、あなたのすぐ隣にいてくれる①の人が一番いいように思います。そして、自分から最も遠い③の人が「ハズレ」のような気がします。円の中心にいる⑤の人も気になります。さて、正解は？

　この問題の答えを知ると、世界から嫌いな人がいなくなる可能性があります。だから、がんばって考えてみてくださいね。

先生にとって、一番苦手な人は、誰だったかと言うと、
すいません、妻です! ここだけの話にしてくださいね。

　一応、フォントを小さくしておいたから、気づか
れないと思いますが、これ、妻に見られたら絶対に
叱られますからね。

　先生は、離婚したいと思っていた時期があります。

　しかし、ある「ものの見方」を教えてもらったら、
一瞬で、妻に感謝の思いが湧き上がったんです。

　それをお伝えする前に、まず、ひすい家の結婚生
活を赤裸々に明かしましょう。

　結婚して5年くらいたった頃でしょうか。我が家
ではケンカが絶えなくなりました。

　仕事で、ハワイへ行った時。

　朝早く起きて、ビーチで僕は妻へのラブレターを
書いていたわけです。で、帰国後、真っ先に妻にそ
の手紙を渡したんですね。

　その時、妻は、なんと言ったか?

「これはシュレッダーに かけていいの?」

「パードン?」

　意味がまったくつかめず、思わず、そう英語で聞き返しそうになりました。

This is シュレッダー!

　この写真こそ、妻の非情さを見える化したものです（笑）。

　僕は、こんな妻を変えようとして、その後4年以上ケンカの続く毎日を過ごしていました。でも、難攻不落の妻を変えることはできなかった……。

そんなある日のこと。**心理学博士の小林正観さん**の講演に行き、そこで聞いた話が僕の人生を変えたんです。正観さんはこんな話をされていました。

「**人間は、けなされてばかりだと枯れてしまいますが、褒められてばかりでも天狗になってしまいます。**

　理想的なのは50％－50％の時。

　そして実は、どんな人でも、自分への賞賛が50％、逆風が50％になっている」

　光があれば、闇がある。右があれば、左がある。男がいれば、女がいる。こんなふうに、宇宙は「陰」と「陽」が50％－50％で均衡して成り立っているから、というわけです。

　まさに、この有名なタオの陰陽太極図のように。

しかし、この話を聞いて、僕は最初「この先生は間違ってる」と思いました。

　というのは、僕はその頃、コピーライターとしての仕事が絶好調で、褒められることが多く、逆風が50％もあるとはとても思えなかったからです。

　すると、正観さんはこう続けました。

「この話をすると、『それは間違っています』と言う人が、かならずいます。そういう人は、逃げられないところに痛烈にあなたを批判してくれる人がいるはずです。たとえば……

奥様とか！」

……！！！

　この瞬間、天地がひっくりかえりました。

50％－50％。

　これは人数のことじゃなくて、総量だそうです。

　たとえば「自分を賞賛してくれる人」が10人いて、「批判者」が１人とすると、このたった１人が、ものすごい逆風を吹かせてくれるんだとか。

そして、その１人はたいてい自分が避けて通れない場所に存在しているのだとか。

そう、
家庭とか職場です！

　え？　ひょっとして、僕が仕事で褒められることが多いのは、妻が強力に逆風を吹かせてくれていたおかげ？

　それが事実かどうかはさておき、そう思ったら、価値観の違う妻を受け入れることができるようになったのです。

　妻は、僕が成長するように、たった１人、

「逆風担当」

　として、孤軍奮闘してくれていたのかって。

　仕事がこんなにも順調なのは、妻のおかげだったんだと思ったら、

「妻よ、いつも僕を
けなしてくれてありがとう」

と思わず抱きしめそうになったほどです（笑）。

　**心は「喜び」を求めます。でも魂はそれだけじゃ
ない。魂は「成長」を求めています。**

　だから、魂は逆風ウェルカムなんです。

　羽田空港から沖縄に向かう飛行機は、毎日違う方
向に飛びます。沖縄の位置は同じはずなのに。

　**毎日違う方向に飛び立つのは、日によって風向き
が違うから。そして、逆風に向かって進んだほうが、
効率よく空高く舞い上がれるからです。**

ご覧のように逆風は
空高く舞い上がるチャンスなのです！

そして「逆風」は、
振り返れば
「追い風」。

僕の場合、妻はどんな「追い風」だったか?

僕の本は、「本を読まない人にも読みやすい」とよく褒められます。

それは、僕がずっと、本を読まない人も読めるように意識して文章力を磨いてきたからです。

なんでそう意識することになったのか?

改めて考えたら、僕の無意識の想定読者が「妻」だったことに気づいたんです。

本嫌いの妻でも読める本を書けるようになりたいと文章力を磨いてきたからこそ、ベストセラーを何冊も出せたんです。

そもそも、妻とうまくいく方法はないかと心理学を学び始めたのがきっかけで、本を45冊も書けるまでに成長してしまいました(笑)。

「作家・ひすいこたろう」を作ってくれたのは、価

値観がまったく合わず、僕の本をまったく読まない
妻だったんです。

妻は、このままでいい。

妻への僕の心のあり方が変わり、心から感謝できるようになりました。

すると、なぜか妻が変わり始めたのです。

僕が妻を変えようとしなくなったので、妻もストレスから解放されたのかもしれません。とにかく2人の間に笑顔が生じるようになったのです。

結婚21年目にして、毎月、一緒に映画を観にいくような仲になりました。

ここで恋の真実を明かしましょう。

「恋はするものではなく、落ちるもの」

これは、作家の江國香織さんの言葉ですが、まさに、恋の真実を示しています。

恋は頭でするものではなく、「恋に落ちる」と言うように、勝手に引き合うものです。

そう、引き合うのです。

理科でやった磁石の実験のように！

磁石の「N極」と引き合うのは、真逆な「S極」。

つまり、真逆な人ほど、
引き合わされるのです！

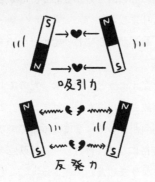

実は、僕は妻を受け入れられて以来、苦手だなと思う人はいても、「嫌いだ」と思う人が１人も現れていないんです。

一番価値観が遠い妻を受け入れられたら、あとは、かわいいものだからです（笑）。

次の図が、価値観の違う相手を大事にしたほうがいい理由の見える化です！

　価値観の違う人は、自分の広げられる扇の外にいます。しかし、その相手を受け入れる過程で、扇が下側の図のように広がるのです。

　それこそ、魂が磨かれたということであり、人間としての幅が広がったことになります。

これが結婚の「奥義」です。
「扇」だけにね（笑）。

男と女。

　真逆なものが引き合い、子どもが生まれるように、真逆なもの同士が結ばれることで、新しいものが生まれるというのは、自然界の摂理。

たまたまパートナーと価値観が合えば会話も弾み、それも幸せです。

　でも、価値観が合わないなら合わないで、魂を磨いてくれる存在としてあなたを高みへと運んでくれます。

　価値観が違う人がいる、嫌な人がいるって、不幸なことじゃなかったんです。

　というわけで問題の答えは、

自分から最も遠い
位置にいる③です！

　このように、僕は妻を受け入れる過程で、「ものの見方」が変われば、人生は一瞬で変わると体感しました。

　それで、ものの見方の研究を始め、『3秒でハッピーになる名言セラピー』という本で作家デビュー。2005年のことです。

　デビュー作となった本の見本が初めて我が家に届いた時は、うれしくて、うれしくて、真っ先に妻に

プレゼントしました。すると、妻は「なんか、ありがちじゃない?」って、いきなりけなしたんです。

昔ならここでケンカです。

しかし、僕は、このものの見方をすでに身につけていましたから、

「キター! 逆風!」

と喜べたんです(笑)。

逆風は追い風。この本、いきなりベストセラーになるかもしれないって思ったんですね。

結果、30万部売れて、ほんとうにベストセラーになりました。

妻の逆風力に心から感謝します(笑)。

テストに出る! 先生からのワンポイントアドバイス

「幸せな結婚の秘訣は、どれだけ相性がいいかではなく、相性の悪さをどう乗り越えるかにある」
byジョージ・レビンガー(アメリカの心理学者・作家)

真実は、そういうことなんです!(笑)

これで安心して
不安になれるね！

難易度 ★★☆☆☆　　復習CHECK ○○○

問題

ユネスコの無形文化遺産に登録された「和食」。その日本のおいしい食材を育んでくれている日本の天気の割合は、「晴れ」「曇り」「雨」がそれぞれ年間平均で何％でしょうか？

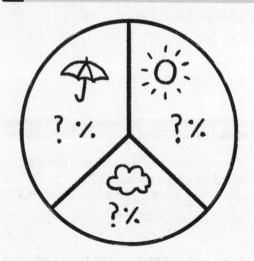

ヒント

　この問題の目的は、「ネガティブな感情」の見える
化です。だから、答えがわかると、安心して不安で
いられるようになります。

・晴れ＝ポジティブな感情
・曇り＋雨＝ネガティブな感情

　に置き換えて想像してみてくださいね。

まずは、先生の生まれた新潟県の「晴れの日」の年間平均日数を見てみましょうか。

　晴れの日が168.7日で、これは全国47都道府県中46位でブービー賞。

　最下位の秋田県と「晴れないランキング」トップを競っています。

　1位の高知県（晴れの日はなんと245.1日）と比べると新潟県は、晴れの日が年間80日も少ないんです。

　新潟では「今日は晴れたなー」と言っても、そこに他県の人がいると**「これは曇りだよ！」**と、つっ込まれることも多いです。

　新潟では曇りの日が多いので、多少曇っていても「晴れ」って言いはります（笑）。

雨の日も多いんですけど、
だからこそ屋内でできるスポーツ
「中学男子卓球部員数」は新潟が日本一！

　えっへん‼　え？
　ぜんぜんうらやましくなかったですか？

ならば……

「曇り放題NIIGATA」だからこそ、

紫外線対策だってしなくていいんです！

　どうだ！　先生はもともと紫外線対策しないです

けどね（笑）。

　あと……

　新潟の女性は肌がとても白くてキレイなので、「新

潟美人」っていう言葉もあります。

　どうだ！　とはいえ先生の妻は埼玉の人ですけど

ね（笑）。

　そして雪国新潟は雪解け水として水が磨かれて、ご

はんもお酒も飛びっきりおいしくなるんです。

今度こそ、どうだ！

　……あ、先生、体質的にお酒飲めないんですけど

ね（笑）。

　そして、新潟県人は、晴れた日のうれしさを誰よ

りも知っています！　……まあ、新潟自慢はこの辺

にして問題の正解をお伝えしましょう。

ジャーーン!

気象庁の過去30年の観測データによる、日本の天気の年間平均日数の割合はこうです!

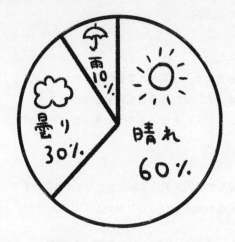

さて、天気を題材に何が言いたいのか?

何も「天気」の話だからって、能天気にしているわけではありません。

「天気」

って漢字をよく見てほしいんです。

「天気」ってどういう意味だと思いますか?

「天丼が食べたい気がする」

　それが、天気じゃないですからね！（笑）

「天気」とは、
「天の気持ち」と書くんです。

　天でさえ、ブルースカイだけじゃない。曇りだって、雨だって嵐だってある。

　僕らの気持ちだって晴れだけじゃなくていいってことです！

　天の気持ちである天気は、

ポジティブ（晴れ）　60%
ネガティブ（曇り＋雨）　40%

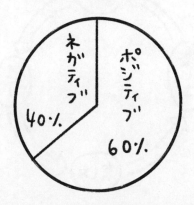

「これくらいでいいよ」って、天は天気で見せてくれてるんです。

　晴れた日に葉が育ち、雨の日に根が伸びるように、晴れの日も雨の日も必要なんです。

　だから、どうぞこれからは、安心して不安になってください。安心して深刻になってよし！（笑）

「喜怒哀楽」の感情を
「春夏秋冬」のように、
巡っていくものと
考えると楽になりますね。

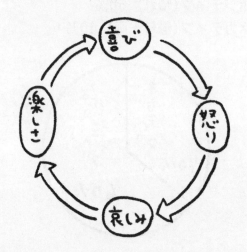

車にたとえても、わかりやすいです。

「ポジティブな感情」を車のアクセルだとするなら、
「ネガティブな感情」は車のブレーキのようなもの
です。

　ブレーキのない車に乗りたいですか？

　僕が心理療法を習った矢野惣一先生からは、感情
の役割を、こう教えてもらいました。

「悲しみ」は、心の傷を癒すための休息の時間を与
えてくれる。

「不安」や「恐怖」は、未来への危機に備えるため
に、なくてはならない大切な感情。

「絶望感」は、生き方を変える時が来たよ、という
メッセージ。

「怒り」は、大切なものを守ろうとしている感情で
あると。

　友人である野澤卓央さんの小学生の息子さんは、
こう言っていました。

「悲しみのない世界ほど、
悲しいものはない」

すごいことを言う小学生ですよね。

しかし、その通りだと思いました。**大切な人を失っても、誰も悲しまず笑っている世界は悲しいです。**

大切にしたいことがあるからこそ、失ったら悲しいのです。

「NO LOVE, NO SAD.」
（愛のないところに悲しみはない）

これは、HISUI・BRAIN（編集チーム）のあやかさんの言葉です。

ポジティブな感情があなたを成長させてくれる存在だとするなら、ネガティブな感情はあなたを守ってくれる存在なのです。

だから、ネガティブな感情をどうか敵にしないでください。

ネガティブな感情こそ、傷ついたあなたをゆるし、寄り添い、守ってくれる優しい存在なのです。

ほんとうのポジティブとは、ネガティブさえ抱きしめることです。

ほんとうは、ネガティブな感情を持つから苦しい
のではなく、ネガティブな感情を抑え込もうとする
から苦しくなるんです。
　これが苦しさの原因の見える化です。

　たとえば、50のエネルギーであなたが怒っていた
とします。
　この時、その怒りを封じ込めようと思うと、51以
上のエネルギー（上図の場合51）が必要になります。

必要になったエネルギーを数式にするとこう。

〔50の怒り〕＋〔それを封じ込める51のエネルギー〕
＝101

101のエネルギーを消耗するわけです。
つまりよけいなエネルギーをたくさん使ってしまう。だから、疲れるんです。

かといって怒りを相手にそのままぶつけても、その怒りは自分のところへ返ってきてしまいます。
大切なのは、まず自分の素直な感情を自分で認めてあげることなのです。

怒ってるなら⇒「怒ってるんだね」
寂しいなら⇒「寂しかったんだね」

「うん。うん。
そう感じていいよ」って

自分の本音を全肯定してあげることです。

ありのままに認めたら
50−50＝0

むりやり怒りを封じ込めようとした時に必要だった「101のエネルギー」はどこへやら。

あなたの心は、ニュートラルな状態に戻ります。

そして、人は癒されてニュートラルに戻ることで、初めて変化する力が生まれます。

だから変化していくためにも、まずは、自分の本音を自分が優しく認めてあげることが大切なのです。

テストに出る！ 先生からのワンポイントアドバイス

「NO RAIN, NO RAINBOW.」
（瞳に涙がなければ、魂に虹はかからない）
　　　　　　by ネイティブ・アメリカンのことわざ

雨の日が大切なように、涙の日も大切にね。

人生を退屈にしている
犯人は誰?

難易度 ★★★★☆　復習CHECK

問題

夜空にはいろんな星座がありますが、意外に知られていないB級星座が、「ほ座」「ろ座」「や座」。1文字であることで哀愁が漂っていますが、漢字で書くと、「帆座」「炉座」「矢座」となりイメージが湧いてきます。さて、今回取り上げるのは、「ろ座」。ろ座を構成する4つの星を結んで、「これが、ろ座だ!」と声高らかにアピールしてください。誰に?(笑)

「炉」は火を燃やす設備のことです。この問題が解けると、いかに星座が適当に決められていたかがよくわかります（笑）。

　そして、そのことがわかると、先ほど手に入れた「幸せメガネ」を早くもアップグレードすることができます。

事実は存在しない。あるのは解釈だけ

これは、考えてもわからないでしょうから、答え
を先にお伝えしましょう。こちらです。

これが炉座です！

ぜんぜん、炉じゃないってことがわかっていただ
けたかと思います（笑）。

ついでに、こいぬ座もぜんぜん、子犬……どころか、もはや犬じゃないってことがわかっていただけると思います。

さらに、みずへび座は、せめてクネクネしていてほしかった（笑）。

いかに星座が適当に決められていたかが、これでわかっていただけたかと思います。

「事実というものは存在しない。
　存在するのは解釈だけである」

byフリードリッヒ・ニーチェ

ドイツを代表する哲学者・ニーチェの言葉です。
この名言こそ、世界の真実です。

星は、ただ、そこにあるだけです。
なにも星同士がコンビを組んで

「僕たち、2人そろって、
こいぬ座でーす」

とか言っているわけではないんです（笑）。
　でも、そこに想像力を働かせて、「星」と「星」同
士を自由に結び、夜空に楽しい絵を描いてきたのが、
僕ら人類の歴史です。そのことが、星座を見ること
で目に見える形でご理解いただけたと思います。

　人生も一緒です。現実は、そこにあるだけです。
　それをどう面白く解釈し、つなぎ、結んでいくか。
自分の人生を自由にクリエイトしていいんです。

解釈次第で人生が変わる例を、僕と息子の話でご紹介しましょう。

例1

うちの息子が小学校の低学年の時。
宿題にこう書いているのを目にしました。

3 + 7 = 7

足しているのに増えてない……。
足し算の概念を根本からわかっていないことを証明してしまう致命的なミスです（笑）。

僕が息子に
「算数のテスト、ぜんぜんわかんないだろ？」
と聞くと、息子は
「大丈夫だよ。とおちゃん。俺、テストの時は後ろの子の答えを見てるから」と。
この発言で、息子は妻に、こっぴどく叱られたわけですが……、僕は心の中で密かに感心していたんです。
芸術家の岡本太郎はこう言っています。

「道が２つになった時に、あえてあきらかに損だという道を選ぶのが芸術家だ」

　普通、席が前や横の子の答案を見るのが、カンニングの鉄則です。

　しかし、息子は後ろの子をカンニングするという、あきらかに困難な道を選んでいるのです。

そうか。息子よ、君は 芸術家だったんだね（笑）。

例2

　そのわりにテストは８点とかですから、息子に聞いてみました。

「でも、カンニングしてるわりに、いつも点数低いよね？」

　すると、息子の答えは……

「うん。後ろの子が間違ってるからしょうがないんだよ。ははははは」

　このあきれた発言に妻は再び激怒していましたが、僕は逆に感心したんです。

うちの子は相手のミスを笑って許せる、優しい子に育ってくれたと(笑)。

例3

また、ある時、息子が僕の肩をマッサージしてくれたことがありました。

僕はおだちんに10円渡したんです。

すると、息子は「とおちゃん、ありがとう」と言って10円をにぎりしめて、自分の机のほうに走っていきました。

戻ってくると、

「とおちゃん、お釣りだよ」と。

お釣りは、

100円でした。

10円渡したのにお釣りが100円。算数が苦手ってすばらしいじゃありませんか！（笑）

うちの息子は、受けた恩は
10倍返しなのです。

この話はまだまだ果てしなく続くんですが、僕と息子のこんなやりとりをメールマガジンで配信したところ、なんと出版依頼を４社からいただきました。

　僕と息子のやりとりが面白いので１冊の本にしてほしいと。

　これらの話は、妻から見たら、息子を叱っている話なんです。

　妻は、目の前の現実にイライラしています。

　「３＋７＝７」とか言っちゃうし、カンニングもしちゃってますから。

　でも僕から見たら、出版依頼をいただき、お金までもらえる楽しい話になっている！

　同じ現実に対しても、妻は怒り、一方、僕はお金までもらえる。

　妻と僕、何が違うかというと、

「何を見たいか」が違う。

　僕は、日常に起きたできごとから、みんなの心が

明るくなるメッセージを見出して、癒しや気づきや笑いを届けるって決めてるんです。

　そのために「現実を面白く見る」って決めてるし、それを分かち合うって決めている。

　それが「僕の幸せ」だからです。

　そのため、息子の答案用紙だって何気なく見てないんです。

何か面白い間違いをしてないかって、意識的に見てるんです。探してるんです。

「後ろの子をカンニングしてる」と息子が答えた時も、ここにどんな言葉をかぶせたら、面白いメッセージになるだろうって考えてるんです。

　各事例の最後にアンダーラインをひいてる箇所が、この話にどんな言葉を乗せたらメッセージになるだろうと、僕が考えた言葉です。

　明日、朝から「赤色」を意識しながら、1日を過ごしてみてください。世界がいかに「赤」であふれているかに気づくはずです。

次の日は「青色」を意識しながら、1日を過ごしてみてください。世界がいかに「青」であふれているかに気づくはずです。

人生を退屈にするか、面白くするかは、
「現実」が決めるのではなく、
あなたが「何を見たいか」が決めます。

　あなたの心がこの世界に映ったものを「現実」と言います。

あ！　流れ星だ！

この瞬間に願いごとを言えましたか?

「流れ星に願いごとを言うと叶う」と言われるのに
は、ちゃんと理屈があるんです。

　一瞬で自分の願いを言えるということは、自分は
何を見たいのか決まってる人。

そういう人の願いは
叶いますよ
って意味なんです。

　カーナビに「東京」と入れたら「東京」に着きま
す。でも、「東京都港区芝公園4-7-35」と、より明
確に入れたら、よりピンポイントで行きたいところ
に行けます(ちなみにここは、東京で僕が一番好き
な場所。夜に行くのがおすすめです)。

明確さこそ力です。

　あなたが人生で一番見たいもの、見たいシーンを
頭の中で、具体的に「見える化」しておけばおくほ
ど、現実でも、それが「見える化」してきます。

「幸せメガネ」は、
自分が何を見たいかによって、
お好みのメガネを自由に選べるのです。

パリ　　　オーバル

ボストン　　　ブロー

ヘキサゴン　　　ラウンド

　一角獣を見たいってことであれば、「一角獣メガネ」をかければ、ほら。

　ご覧の通り、夜空に一角獣座が見えてきます。

「一角獣座」だけに、
せめて
角はほしかったな（笑）。

「自分は、この人生で
何を一番見たいのか？」
それを問うことから始めよう。

② 時限目

見る見る
幸せになれる

社会

の授業

4次元思考を
手に入れろ！

難易度 ★★☆☆☆　　復習CHECK

問題

ズバリ、この写真は
なんの写真でしょうか？

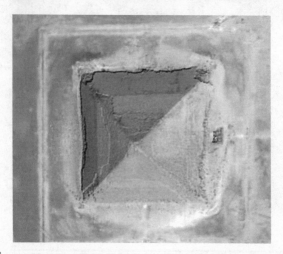

ヒント

　問題が山積みの現代社会。これから僕らはどのように未来を創造していけばいいのか？　大事な考え方のヒントが、この写真には秘められています。

　ちなみに、この問題の答えは以下の中にあります。

①ラクダの子どものコブ
②ピラミッド
③さだまさしさんのニキビの拡大写真
④洋菓子のウエハースの拡大写真

先生は今、一刻を争っています。

なので今回は、ズバリ正解を先に言いましょう。

（ちなみに急いでる理由は、すぐに判明します……）

 # 正解は③ではなく②。「ピラミッド」です！

ではトイレに行ってきま————す（危うくもらすところだった）。

……はい。先生、トイレから無事に戻りました。

では続きです。

写真は、社会の教科書でもおなじみ、エジプトのピラミッドを上空から捉えたものです。

地上では別々の４点の角が、頂上で１点になる。

それがピラミッド構造です。

僕らがこれから「最高の未来」を作り上げていく上で、目指すべき考え方のヒントが、このピラミッド構造にあります。

日本３大商人の１つである近江商人は、

「売り手よし、買い手よし、世間よし」

の「三方よし」の理念を大切に商売をしていました。

先生の友人であり、日本一の折箱会社の経営者である小澤勝也さんはそこに「天」を加えて、「売り手よし、買い手よし、世間よし、**天もよし**」の「四方よし！」の経営理念を掲げています。

全部が「よし！」になるような1点を見つけ出すピラミッド思考（4次元思考）こそ、「四方よし！」の哲学です。

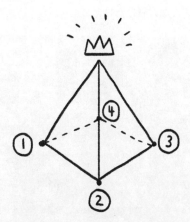

底辺では別々の4つの点が、頂点では1つに合わさる。

まさに「四合わせ」（しあわせ）になる考え方です。

実例をあげましょう。

ハロウィンの翌日、渋谷駅前の交差点周辺には大量のゴミが散らばっているという問題がありました。これを芸人のキングコング・西野亮廣(あきひろ)さんはどう解決したか?

ハロウィンと言えば「ゴースト」だけに、「SHIBUYA Halloween ゴーストバスターズ」を結成。

「ゴミ拾いをエンターテインメントに!」をコンセプトに、「11月1日早朝に街を清掃しよう!」と、ネットでみんなに呼びかけたのです。

しかし、西野さんは"嫌われ芸人"としても知られていますから、その動きを察知した、2ちゃんねるの"アンチ西野"たちが妨害を企てました。

「西野たちがゴミ拾いを始める前に 自分たちで渋谷をキレイにして 企画を潰してしまおう！」

そんな動きがハロウィンの夜に盛り上がり、当日は、2ちゃんねるのアンチ西野たちが一足先に本気でゴミ拾いを開始。

そこに、西野さんの呼びかけによって集まった総勢500名のゴーストバスターたちが加わってゴミ拾いを始めました。

結果、ハロウィンの翌日、1年で渋谷が最も汚れるはずの日が、なんと、

1年で渋谷が 最もキレイな日に なったんです！

おまけに集めたゴミでアート作品まで作ってしまったのです。もう、お見事！

２ちゃんねらーのみなさまもお疲れさまでした！

①：ゴミ拾いを、朝から大人も子どもも楽しめるエンターテインメントなイベントに。

②：１年で渋谷が最もゴミに覆われるハロウィンの翌日を、１年で渋谷が最もキレイな日に。

③：集めたゴミがアート作品に。

④：おまけに、２ちゃんねらーたちにまで朝早くゴミ拾いをするきっかけを作った。

　まさに４つの角が頂点で１つになった事例です。

　地球温暖化、大気汚染、そして戦争など、今、僕らの周りはさまざまな問題が山積みになっています。でも、忘れないでください。

すべての革命は社会が行き詰まった時に起きていることを。

明治維新だって、問題が山積みの中で、レボリューションは起きました。

鎖国をしていた日本に、アメリカ海軍の黒船が来て日本を恫喝（どうかつ）。さらに、江戸に直下型地震が起き、倒壊焼失家屋は1万3000軒を超え、おまけにコレラ菌が上陸し江戸だけで死者は2万8000人。

そこにトドメをさすかのように経済破綻まで起きたのです。そんな大混乱の中で、坂本龍馬はじめ、幕末の志士たちが立ち上がり、江戸幕府を倒し、新しい時代を生み出していきました。

問題を乗り越える過程で、僕らは、もっと面白い、新しい未来の扉を開けることができるんです。

現実に立ちはだかる「壁」こそ、未来への「扉」。

最悪は最高のマザー。

「困るということは、
　次の新しい世界を発見する扉である」

by 発明王エジソン

これが、うまくいかない時の見える化です。

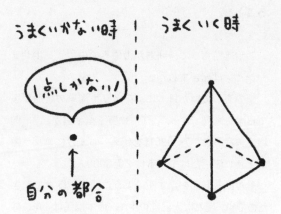

　うまくいかない時は、自分の都合（1点）でしか
考えていません。
　これは1点思考ですから、面積はゼロ。

「私」と「あなた」の都合、両方を満たそうとする
と**点は線になる**。
「私」と「あなた」と「世間」を満たそうとすると、
線は面となる。
「わたし」と「あなた」と「世間」と「天」まで満
たそうとすると、**面はピラミッド（立体）となる**。
　面積が大きくなるにつれて流れに乗りやすくなり

ます。問題に頭を抱えるのではなく、問題を踏み切り台にして、みんながハッピーになる、もっとすばらしい未来の扉を開けよう！

だって、

だって、

だって、

「未来はいつも面白い！」

by 爆笑問題・太田光

「トイレはいつも真っ白い！」by ひすいこたろう
（はい、最後に、このオチいらなかったですね）

テストに出る！ 先生からのワンポイントアドバイス

問題こそが、君の人生を飛躍させ、もっと面白いものにしてくれます。怪獣がウルトラマンの存在をヒーローに変えてくれたように。
「はい。ひすい先生のおっしゃる通りです。怪獣さんたちのおかげで、私はすっかり人気者にさせていただきました。怪獣のみなさまに足を向けて寝られません」　　　　　　　　　　　by ウルトラマン

自信がないなんて
全部、ウソ！

難易度 ★★★☆☆ 　復習CHECK ○○○

問題

宝くじで1億円が当たる確率は、落雷に遭う確率よりも低いと言われることがありますが、有名な遺伝学者の木村資生さんによると、生き物が生まれてくる確率は「1億円の宝くじが〇〇回、連続で当たる確率」に等しいのだそう。さて、何回？

ヒント

　下記から答えをお選びください。

①165回

②1952回

③4000回

④A回

⑤10万回

⑥100万回

　ちなみに、

①さだまさしさんの身長165㎝

②1952年生まれのさだまさしさん

③4000回はさだまさしさんのソロコンサートの数

④Aはさだまさしさんの血液型

　というわけで、残りのどれかが正解です（笑）。

まず、問題の正解の前に言わせてください。

あなたは奇跡の人です！

YO！ 奇跡の人！

あなたは、ありえない確率をくぐりぬけて生まれてきたのです。まずは１億匹と言われる精子の中で、選ばれたのは「あなた」だという事実。日本の人口は約1.3億人ですから、全日本人の中から１人選ばれたと言える確率をくぐりぬけています。

日本の人口にたとえられても今ひとつピンとこないという方は、**全フィリピン人の中で１人だけ選ばれたと考えてみてください。**

フィリピンはちょうど人口１億人だからです。

よけいピンとこなかったですか？（笑）

フィリピンだけに（笑）。

そして、さらに下の図を見てください。

あなたのご先祖様は、
わずか9世代さかのぼるだけでも
1022人もいるんです。

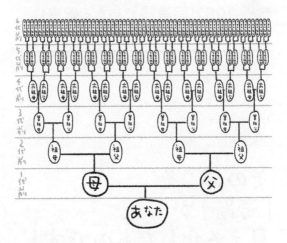

2000年前までさかのぼれば100兆人です。

その100兆人が、それぞれ子どもを
産むまでは1人も死ななかった結果、
あなたが生まれてきたんです。

これを奇跡と言わずに何を奇跡と言いましょうか。

では問題の答えに行きましょう。

遺伝学者の木村資生さんによると、

 **生き物が生まれてくる確率は
1億円の宝くじが
100万回連続で当たる確率に
等しいそうです。**

YO！　奇跡の人！

今、胸を優しくなでてみてください。手をすりすりしてみてください。

あなたが今、触れた、

その体こそ
「奇跡」が
見える化したものです！

　1億円の宝くじが100万回連続で当たる強運の持ち主のあなたが、自信がないなんて、「またまたそんな謙遜しちゃって、もー」と言われますよ（笑）。

自信がない＝ただの謙遜。

これが真実です。

あなたの体は、これだけの数のご先祖様の叡智を受け継いでいるという事実に気づいてください。

あなたの体はご先祖様の叡智を全部受け継いだスーパーコンピューターであり、**人類史の最先端にいるのです。**

あなたの体こそ、この宇宙最高のコンピューター。たとえるなら、スマホの最先端機種です！

さらに、ヤバい話をしましょう。

ある一家は代々のお金持ちでした。

悠々自適に暮らせたのに、あろうことか、お父さんがギャンブルに手を出して全財産を失ってしまいます。

そのせいで、その家の子は、9歳にして実家の和歌山を離れて1人大阪に丁稚奉公に出されました。

9歳と言えば、まだまだお母さんとずっと過ごしていたい、まっさかりです。

不憫です。

それで、その子はどうなったのか？

若い頃から苦労を重ねた結果、大人になったら、

生涯で約5000億円の
資産を築いたとされる
大富豪になってしまった。

その子の名前は、こうちゃんこと松下幸之助。

松下電器産業（現パナソニック）の創業者です。

9歳から丁稚奉公してる間に、仕事の楽しさを学んでしまったのです（笑）。

松下幸之助のお父さんは、ある意味、致命的なミスをしてしまったとも言えます。

でも、幸之助がお父さんの人生を救ったのです。

もし、あなたが**「生まれてきてよかった」**と、自分の人生に感謝できる、その日が来たら、あなたに命をつないできた全先祖のみなさまたちの人生が報われることになるのです！

これがあなたの全先祖のみなさまの見える化です！

YO！ 奇跡の人！

地球上のありとあらゆる、不運、困難、挫折、天変地異に負けなかった血が、あなたの中に受け継がれています。あなたの血液型はAでもBでもなく「U」なのです。勇者の「U」です。

「ニッポンの精神」を見える化

日本地図に隠れた
"思いやり"

難易度 ★★★★☆ 復習CHECK

問題

まさし君が海外を旅してる時、「日本人は、自己主張が下手」と言われました。
しかし、その時、まさし君は日本地図を取り出し「Look at 日本列島！」と返しました。日本列島には、ある「漢字」が隠れていると。すると外国の人は涙を流して感動。さて、日本列島にはどんな漢字が隠れていると言ったのでしょうか？

ヒント

　どの方向から日本地図を見るか、それが鍵を握っています。地図をぐるぐる回してみましょう。

　答えは、漢字1文字です。この問題がわかると、改めて日本人のミッションを思い出せます。

「日本人は、自己主張が下手」

　と言われがちですが、はっきり言わせてもらいます。**日本人は、自己を主張するのではなく、先にあなたをたてる民族なのです。**

　英語は、かならず、「I」（私が）と主語から始まります。しかし、日本語は主語があいまいで、主語がなくても伝わります。

　それは、「私が、私が」という自我が稀少（きしょう）だからです。

　歴史書『古事記』、そして『日本書紀』、その原典だと言われる文献があります。

　その読みものは『秀真伝（ホツマツタエ）』と言われ、古代日本人の生き方が記録されています。

　そこには、

「ナガタ」
「ナガサキ」

　という古代日本人の生き方が記されているそう。

古代日本人が大切にした「ナガタ」「ナガサキ」という生き方とは？

「ナガタ」とは、
「あなたが楽しいと
思ってくださることが
私の幸せです」という生き方。

　他人の楽しみを優先する生き方をすれば、自分も不思議と栄えていく、と古代日本人は考えていたようです。

「ナガサキ」は、
あなたの幸せが先で、
「何か私がお役に立てることが
あればうれしい」と思って
行動することを意味するそう。

　「俺が、俺が！」ではなく、「あなたがお先にどうぞ」という思いやりこそ、古代日本人のスピリットだったわけです。

「日本は貧しい。しかし、高貴だ。
　世界でどうしても生き残ってほしい民族を
　あげるとしたら、それは日本人だ」

これは1921〜1927年の間に駐日大使を務めたフランスの詩人であるポール・クローデルが、第二次世界大戦で日本の敗色が濃くなった1943年にパリで発した言葉です。

どうして、ポール・クローデルは日本人のことをそこまで言ってくれたんでしょうか？

それは目には見えにくい、ニッポンの精神をくみとってくれたからです。

先生は『ニッポンのココロの教科書』（大和書房）という本を、ひたかみひろさんと共著で書いたことがあります。その時、**ちょんまげがなぜ生まれたのか、その背景を知り、泣きました……**。

江戸時代までの武士の髪型と言えば、ちょんまげです。浪人以外の主君に仕える武士のちょんまげは、頭のてっぺんの真ん中を青々と剃りあげていました。

これを「月代」と言います。

現代では、とても恥ずかしくてできない髪型です。

いや現代だけではありません。

当時だって恥ずかしかったはずなんです。

This is 月代（さかやき）!

　1853年、鎖国をしている日本にペリー率いるアメリカ海軍艦隊が浦賀にやってきた時。

　ペリーは日本人の第一印象について、記録の中でこう記しています。

「日本人はバーバリアン（野蛮人）である。

　なぜなら彼らは全員、腰に長い包丁を差し、

　頭にはピストルをつけているからだ」

Dearペリー。1つ言わせてほしい。腰に差してるのは包丁ではない。

刀だ！

そして、日本人は頭にピストルをつけてはいない！これはピストルではなく、

ちょんまげだ！

This is the Chonmage!

ちょんまげは、ピストルだと勘違いするほど、外国人にとってはサプライズヘアーだったんです。
ではなぜ、こんなサプライズヘアーが一般的になったのか、不思議じゃないですか？
日本人だって恥ずかしかったはずなのに。

武士は戦うのが職業。

　戦となれば、ヨロイ・カブトを身につけなくては
いけないわけですが、そのカブトは4kgほどもある
んです。**まさに頭に鉄アレイ状態。**

　しかも、それで戦わなければならないから蒸れる
し、ズレるしで、頭皮にストレスがかかり、当然ハ
ゲる人も多かったわけです。

　そこで日本人はどう考えたか？

「戦うためにハゲたんだもんね。

そんな人を放っておけないよ。

だったらいっそのことみんなで剃っちゃおうか？」

　というわけで、月代ができた説もあるんです。

　年長者（ハゲてる人が多いので）を敬う気持ちか
らという説もあります。

　どちらにしろ「ちょんまげ」とは、

ニッポンの
OMOIYARIです！

　もう、涙なしにはちょんまげを見れません（笑）。
　髪の毛つながりで、もう1例あげましょう。

「源平の戦い」の前に平家の武将がやっていたことも、すばらしい心配りが貫かれています。武将たちは、戦いの前に、白髪染めをしていたんです。

　なぜか？　おしゃれして若づくりして戦場に出向いた……のではありません！

　敵に「老人」と思われるような憐情(れんじょう)を抱かせないためにです。討たれる時に敵にいらぬ気を遣わせない。そんな思いで毛を染めたのです。

　これぞ、日本人の美学。

ニッポンの
OMOTENASHI！

「経営の神様」と言われるピーター・ドラッカーも日本のことをこう表現してくれています。

「すべての文明、あるいは国の中で、日本だけは、"目"よりも、"心"で接することによって理解できる国である」

　そうなんです。日本人を象徴する文字こそ、

「心」です。

　よく見てください。

 # 日本列島を反転させると、「心」という字になります。

　日本こそ、この星の良心を提示し続ける義務がある。日本人の「心」とは、ナガタ、ナガサキ。

　どうぞあなたがお先に、という心です。

成功なくして
幸せになれない病

難易度 ★★★★☆　復習CHECK

問題

「北海道は北にあるから、
北へ北へと向かえば北海道だ！」
そう思って、気合を入れて佐藤さんは北海道
にたどり着くべく北へ北へと向かいました。
しかし、北へ向かえど、北海道にはたどり着き
ませんでした。なぜでしょう？

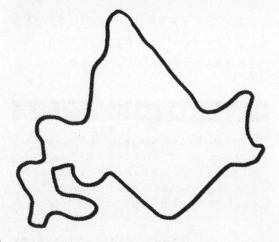

ヒント

　北海道の "佐藤さん" に電話すると、こう出るケースがあります。

「はい、佐藤でした」

　いきなり、「でした」。過去形なんです。北海道の人は、すぐに今を過去に流し、新しい未来へ向かっていく開拓者精神が旺盛なんです。若い世代は「佐藤です」と言いますが、ある程度年齢がいっている人は、今も「佐藤でした」から会話が始まるそう。

　ちなみに、この話はただの世間話でした。

　ここはノーヒントで乗りきってください。この問題の答えがわかると、なぜ僕らが、なかなか人生の目的地（ゴール）にたどり着けないか、その理由が明確になります。

どこか目的地を目指す時、**ゴール(目的地)を明確にするだけでは着けません。**

　北へ行ったら、北海道だと思っても、もし、あなたの出発地点が、スカンジナビア半島なら、北海道には着きませんから……。

　出発地点がアンティグア・バーブーダでも着かないし、ボスニア・ヘルツェゴビナでも着くことはありません。もうこの辺でいい?(笑)

ゴールに着くには
「ゴール」と「スタート」の
2地点が明確になって
初めてゴールに向かえます。

　カーナビもそうですよね。

　「現在地」(スタート)と「目的地」(ゴール)を入れて初めて出発することができます。

　では「ゴール」を成し遂げたい夢や目標だとするなら、あなたの人生において、「スタート地点」(現在地)とはなんでしょうか? それは……

「現在地」＝「君の本音」

「現在地」とは、「現在のあなた」。つまり、あなたが今、感じていること。ありのままの本心です。

しかし、僕らは、自分を嫌ったり、自分を責めたり、自分のありのままを認めてないので、**足場がマイナスなんです**。

足場がマイナス（泥沼）のまま目的地へ向かうので、相当がんばらないとゴールには着きません。

自分を嫌ってる状態を見える化するとこうです。

溺れているわけです。こんな時は力を入れれば入れるほど沈んでいきます。

　では、どうすれば水面に浮かんでくるか？　解決策は実は超簡単！

力を抜けばいいんです。

力を抜くとは「自分を認めること」です。

　これが自分をありのままに認めた時を見える化したものです。

　自分の本心を自分でちゃんと認めてあげたら、よけいな力が抜けて、浮かび上がり、水面に顔が出るので、目的地へ向かいやすくなるのです。

　今、怒ってるなら怒ってるでいいんです。

それがまぎれもない、ウソ偽りのないあなたの「現在地」だからです。

　そこから始めるのが、リアルです！

　その怒ってる自分をありのままに、

「今、怒ってるんだね。よしよし」

　と自分で「よしよし」してあげたら、それが癒しとなります。**人は癒しが起こってからでないと変化できないんです。**

　小玉泰子さんが発案された、コトダマメソッド「まなゆい」も、自分を受けいれるのにとてもおすすめです。

　自分のネガティブな心の状態を〇〇に入れて、

「〇〇と思った自分を受けいれ、認め、ゆるし、愛しています」

　という４つの言葉で全肯定していきます。

「"私は今、すごく怒ってる" と思った自分を受けいれ、認め、ゆるし、愛しています」

というふうに言うことで癒しが進んでいきます（声に出さなくてもOK）。

まずは、ネガティブな気持ちも、ダメなところも、全部そのままに認める。すると、癒しが起こり「現在地」に足場ができるんです。

以下は、障害のある子どもを受け持つ学校の先生から教えてもらった話です。

遠足の日、みんなで電車に乗ると、ワーワーと、1人大きな声で騒ぎ出した生徒がいたそう。担任が注意しても、その子は言うことを聞いてくれない。

担任の先生が困っていたところに、僕の知り合いの先生が、その子のところに行って、ある一言を伝えました。

すると、その子は「うん」とうなずき、途端に静かになったと言います。

その先生はなんと言ったのか？

「緊張してるんだね。大丈夫だよ」

その子は、自分でも自覚してなかった本心を優しく認めてもらえたから、スッと楽になったのです。

認めてあげるって愛なんです。

➡①自分の本心をありのままに認める
➡②癒し
➡③変化

この３ステップで「現在地」から「目的地」へ向かえます。

「現在地」に足場ができたら、今度は「目的地」（ゴール）へ。

目的地とは、心からそこに向かいたい場所。

人生を何に捧げれば後悔がないか、人生最後の日から逆算して想像してみるといいでしょう。

そして、「目的地」と「現在地」を結ぶ物語を描き、１つ１つ行動していけばいいのです。

さらに話を進めましょう。

「現在地」（スタート）と「目的地」（ゴール）を違う形で見える化するなら、**「種」と「土」の関係に置き換えられます。**

種＝目的地（未来の夢やビジョン）

土＝現在地（現在の心の状態）

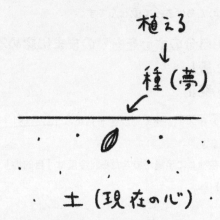

植える
↓
種（夢）

土（現在の心）

「種」が発芽するには、土壌に栄養があるかどうか、土の状態が重要になります。

「土」とは、「現在の心の状態」なので、いかに自分を受けいれ、認めることが大切かがわかります。

そして、実は、

幸せというのは、
「土」のほうにあるんです。

すでにお伝えしたように、これまでだってあなたは大なり小なり、成功してきたはずなんです。

　でも、それでも「今、幸せです！」と堂々と胸をはって言える人が少ないのはなぜか？

幸せは、
未来に成し遂げるものではなく、
今、ここで感じるものだからです。

　ありのままの自分を認める。
　実は、そこに最高の「幸せ」があります。

　では、未来にあるものは何か？
　未来にあるものは「体験」であり「成功」です。

「成功」≠「幸福」

　「成功」と「幸せ」は違うものなのです。

「成功」＝「目的地」にある。
「幸福」＝「現在地」にある。

「成功」とは？ ➡ "築く" もの

①何かを "築く" ことで未来に得られる

②自分の「外側」にあるもの。「非日常」

③「相対的」なので「他人との比較」によって決まる

④「成功」で得られる感情は達成感、満足感、充実感

「幸福」とは？ ➡ "気づく" もの

①今あるものに "気づく" ことで現在に得られる

②自分の「内側」にあるもの。「日常」

③「主体的」なので「自分で決める」ことができる

④「幸福」で得られる感情は安堵感、安心感、至福感

　別の角度から、「成功」と「幸福」の関係を見える化するなら、これです！

卵かけごはんです！（笑）

Egg over rice

卵＝成功（「濃味」「非日常」「種」）

ごはん＝幸福（「薄味」「日常」「土」）

　幸福は「ベース」であり、「薄味」であり、「日常」なんです。

「淡々と過ぎていく
　普通の毎日が幸せの本質です」

by 小林正観

　成功しても、幸せを感じられない人がいる原因は、ここにあります。

　幸せの青い鳥は、「未来」にではなく、「我が家（現在地）」にいたわけですから。

「成功しないと幸せになれない」 という 不幸な幻想から覚めてください。

「成功しないと幸せになれない」と思ってると、成功しても幸せになれませんからね。

幸せになるのに条件はいらなかった。

もうあったんです。幸せはなるものではなく、あるもの、気づくものです。

これが幸せです！

忘れないでください。

幸せ(幸福)はゴールではなく、スタートにあるのです！

そして、「幸せ」から人生を始めたら、どこに行っても、何をしていても幸せだってことです。

だって、

「あなた」＝「幸せ」だから。

あなたは幸せから逃れられない。どこに行っても、もれなく幸せ（あなた）はついてきます。

幸せから人生を始めよう。

始めよければ、
終わりよし

難易度 ★★★☆☆　復習CHECK

問題

聖書学者のアンドレ・シュラキは世界中の聖地を旅し、中でも特に感動した聖地を5つあげています。

①エルサレムの神殿跡
②ペルー山中のマチュ・ピチュの壮大な神殿
③ギリシャのデルフォイの神殿
④北京の紫禁城
⑤○○○○
さて5つ目は？　日本にありますよ。

日本の有名な聖地です。漢字4文字。

「あ！　偉大な作品が続々生まれる、ひすい先生の
『執筆部屋』ですか？」

　というあなた、お世辞をありがとう（笑）。

　さて、まじめなヒント。アンドレ・シュラキはこ
う言っています。

「これらの聖地は観光客でにぎわってはいるが、今
は廃墟だったり、祈りが捧げられていても昔の神殿
そのものではなかったりする。しかし、5つ目の〇
〇〇〇だけは生きた神殿として今も生きた礼拝がな
されていることに驚いた」と。

解説 | 第3の生き方

　この話は、先ほどの話をさらに深めた、後編とも
言える内容になっています。

　問題の答えに行く前に、先ほどの「現在地」（現
在）と「目的地」（未来）の関係をさらに見える化し
て深めておきましょう。

　まずは、今から君にやっていただきたいことがあ
ります。下の風船の中に、赤ペンで小さなハートを
描いてください。

　そして息を「ふ───」と大きく吹き込んで風船
をふくらませてください。

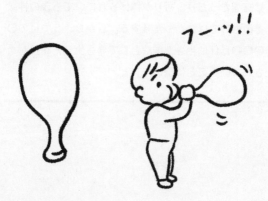

おとなげなく思い切り吹いてくれてありがとうございます（笑）。

　だいぶ大きくなりましたね。実は、これが「現在地」と「目的地」の見える化になります。
　風船に小さく描いた「♥」。風船に空気を入れたら、その「♥」は大きくなっていきますよね。
　逆に、風船に小さく「×」を描いて空気を入れると、その「×」が大きくなっていきます。

今、心の内側に小さな「♥」を作ることこそ未来を変える方法だってことです。

日本のことわざ、

「始めよければ終わりよし」

というのは、現在の心の状態（始め）がよければ、未来（終わり）もいいよって意味なんです。

今、あなたの内側に小さくても「♥」があれば、未来では、その「♥」はもっと大きく育っています。

幸せにしかなれない人生が待っています。

以前、伊勢神宮の神官の方にお話を聞かせてもらったことがあるんですが、その時、特にこの言葉が胸に響きました。

「神道には悟りはないんです」

悟りがないということは、目指すべきところ（ゴール）がないってことです。

言うなれば、「今」がゴールという生き方です！

「明日夢を叶えたら、喜びます」という生き方ではなく、「今満たされているところを今喜びます」とい

う生き方です。

　そもそも、たどり着くべき究極のゴールとはなんだと思いますか？

　究極のゴール。それは……

「感謝」です！

　今、即感謝。今、満たされてるところに目を向ける。すると、感謝の気持ちが出てきます。

「感謝」は敵さえ味方に変える力がありますから、周りの人たちが、あなたが思い描く以上の場所へあなたを運んでくれるのです。他力の風が吹くのです。

　風がタンポポの綿毛を運んでくれるように。

これこそ夢を叶える生き方ではなく、夢を超える生き方です。

スタート＝ゴールの第3の生き方です。

さて、最後になりましたが、問題の答えです。

世界中の聖地を巡った、聖書学者のアンドレ・シュラキが、ここだけは今なお生きた神殿で、生きた礼拝が行われていると感動した聖地。

 そう、伊勢神宮です！

伊勢神宮の外宮では、朝夕2度の食事をお供えするお祭り「日別朝夕大御饌祭」が行われています。

　この行事は、古来から365日、1日も欠かすことなく行われているんです。

　戦時中、空襲で焼夷弾が雨あられと落とされた翌日も、伊勢湾台風の翌朝も、1日も欠かすことなく。

　まさに今なお生き続けている神殿です。

　そして、神社とは、日頃の感謝を伝えにいく場所であると日本人は考えていました。

　まさに、感謝の道。

　それがニッポンの心なのです。

テストに出る！ 先生からのワンポイントアドバイス

スタートをゴールにする感謝の生き方。
それを日本人はこう言いました。
「OKAGESAMA」。
宇宙を味方につける生き方。
それが"おかげさま"です。

③時限目

見る見る
幸せになれる

算数
の授業

最高の恋をBEGINせよ

難易度 ★★★★☆　復習CHECK 🍎🍎🍎

問題

恋人がほしい人は必見！　A町に住むまさし君は、B町に住むはるかちゃんが大好きです。まさし君はなんとかして、はるかちゃんに近づきたい。最短距離の①を目指すか、真逆な③を行くか、はたまた②を行くか。さて、どの経路が一番の近道でしょう？

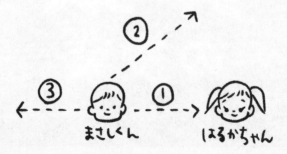

ヒント

　まさし君とは、さだまさしさんのことではありません。全国8000万人のさだまさしファンのみなさま、ご安心ください（笑）。

　この問題の答えがわかると、不思議なことに、さだまさしさんのようなステキな人しか周りにいなくなります。

「沖縄マジカルツアー」なる旅イベントを毎年やら
せてもらっています。ある年のツアーで沖縄の空港
に降り立つと、知っている読者さんがいました。

「ツアーに来てくれたんですね。ありがとうござい
ます！」

と言うと、

「イヤ、違います！」と。

「……え？」

たまたまBEGINのコンサートに来たそうです（笑）。
なんだ、そうだったのか……。

偶然、空港で会ったんですね。

ひとまず彼に別れを告げ、ツアー参加者さんと合
流しレンタカーに乗り込もうとすると、先ほどのビ
ギンな読者さんがまた前方で視界に入りました。

ビギンな彼は、なんと彼女と来ていたのです！

2人は手をつないで歩いていました。

たしか、彼はこれまで女性と付き合ったことがな
いと言っていたような……。

ついに彼女ができたのか！　よかったなーって心の中で祝福をしていたのです。

　後日、ビギンな彼からメールが届きました。

「ひすいさんのおかげで彼女ができました。以前、『どうしたら彼女ができるんでしょうか?』と相談させてもらったら、ひすいさんは『なんでもいいから、このことなら1時間以上語れるっていうものを持つといいよ。すると自分の世界観ができるから、そんなあなたがステキって言ってくれる人が現れるよ』とアドバイスをくれたんです」

　そんなアドバイスをしたことをすっかり忘れてました（笑）。

「それで、僕はひすいさんの本の中で『人生が100倍楽しくなる名前セラピー』に特に感動したこともあり、名前の勉強をして、名前のことならいくらでも話せるようになったんです。すると、名前の鑑定をした子と意気投合して、付き合えるようになりました。ひすいさんのおかげです」

　彼女とのビギン（始まり）に、自分が関わっていたことがわかり、なんだか僕のうれしさもビギンでした。

では、まだ見ぬ恋人と自分の関係を見える化しましょう。

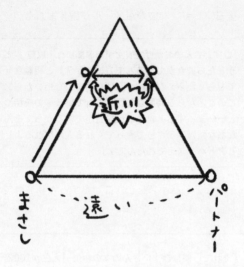

　パートナーがほしくて「恋人、恋人」と横に探そうと思っても、距離は遠いんです。

　でも、自分を高めていけばいくほど、もっとレベルの高い人との出会いが逆に近づいてきます。

　横に探すのではなく、自分を高めるために上に行けばいい。

　すると、より高いレベルの相手と近づいていることになります。

登山の例をあげましょう。

　富士山の8合目まで登れば、そこで出会うのは8
合目まで登ってきた人だけです。

ちょっとお散歩してるだけの人は
8合目にはいないんです（笑）。

　山登りのように上に行けば行くほど、同じように
登ってきたステキな人と出会えるわけです。

これが
「富士山8合目の法則」
です。

　これは、ほんと僕も実感しています。

　昔は、グチを言う人が周りにたくさんいたし、何より自分もグチばかり言っていました。

　しかし、ある時、グチをすっぱりやめようと言わなくなってから数年。気づいたら、グチを言う人がほとんど周りからいなくなりました。

　今では僕のグチを言う妻くらいしか、周りではグチを言う人はいません（笑）。

　また、本を出すまでは、僕の周りで本を出してる人は1人もいなかったんです。でも、今は僕の周りは本を出している仲間ばかりです。

どうやら、僕らは、
自分の心の状態に合った世界に
住むようです。

というわけで正解は、

②のななめ上に行く。

でした。
というわけで、人生、ドンドンななめってこう！

テストに出る！ **先生からのワンポイントアドバイス**

最後に、真逆である③を選んだ君。
むしろその理由を教えて！
むしろ聞きたい！
むしろ僕は君に近づいていきたい（笑）。

80歳からでも 歌手を目指せる!

難易度 ★★★★☆　復習CHECK

問題

何もかも順調にまっすぐゴールインしたピン太君と、紆余曲折、クネクネ遠回りしてようやくゴールにたどり着いたクネ男君。
どちらが幸せな人生でしょうか?
その理由も併せて、考えてください。

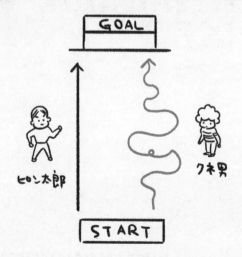

138

ヒント

「人生に○○がないと、人生を失敗する」

　と、精神科医の斎藤茂太さんは言っています。

　○○とは？

　これがわかると、問題の答えもわかりますが、よ
けいわからなくなりましたか？（笑）

なんの挫折もなくスイスイと人生を送ったピン太君と、あちこち遠回りしまくってさんざんな人生を送ったクネ男君。

しかし、2人の人生のゴールは同じです。

そう、どちらも 人生のゴールは 「死」です。

誰の人生も等しくスタートは「誕生」で、ゴールは「死」。

僕らの人生は、誰1人もれることなく、スタートもゴールも一緒なのです。

ということは、どういうことでしょう？

ではここでピン太君の"ピン"と一直線にゴールした人生と、

クネ男君の"クネクネ"曲がった遠回りの人生。

2人の線を伸ばして比べてみましょう。

思い出

ピン太郎

クネ男

START

　なんと、線が長かったのは、

クネ男君の
クネクネ人生のほう
です！

　クネ男君が言いました。
「父親が厳しくて、中学の時から、休日は1日8時間も勉強する勉強漬けの寂しい青春時代。

　にもかかわらず、大学受験では緊張のあまり頭が真っ白になり、地元の新潟大学を落ちて、仕方なく東京に出てきました。

入社した会社では一番やりたくなかった営業部に配属。赤面症で人見知りだったため、ぜんぜん営業成績を上げられず、あげくの果てには営業トーク中にお客さんが寝てしまう始末でした」

……はい、クネ男君とはひすい先生のことです。

人生の前半戦は、やりたくないことばかりに囲まれて、思い通りにいかない現実に悩んでばかりいました。

しかし、売れない営業マン時代に、人見知りの自分には営業は向かないと、「会わずに売る技術」として、書いて伝える道（広告）を独学で学んだんです。

そして広告を作って企業にファックスするようになったら、ナンバーワン営業マンになれました。

さらに一番やりたくなかったにもかかわらず配属になった営業部で、今の妻と出会い、子どもを2人授かりました。

さらにさらに、勉強漬け時代に培われた集中力で、ブログ、メールマガジンを5年間毎日配信していた

ら、その時書いてたものが本になりました。

　作家デビューできたのも、そのおかげです。

　妻も、子どもも、作家としての人生も、人生で大
切なものは全部、思い通りにいかなかった先で得ら
れたものです。

大切なものほど、
遠回りした先で
出会いました。

「道に迷うことこそ、道を知ることだ」

by 東アフリカのことわざ

　人生、思い通りになると幸せになれます。思い通
りにいかない時はもっと幸せになれます（笑）。

　遠回りした分だけ、最高の思い出ができました。

「人生は間違いだらけで間違いなし」

by 笑福亭笑瓶

　まさに、人生は間違った先に出会いがあり、気づ

きがあり、遠回りした先で、最高の「思い出」ができるんです。

　みんなのヒーロー・アンパンマンの作者であるやなせたかしさんも遠回りした１人。
「50歳ぐらいまで僕は、失意と絶望の連続でした。ずーっと何十年もの間、『自分は何をやっても中途半端で二流だ』と思い続けていました」

やなせさんが アンパンマンを描いた のは54歳の時。

　そのアンパンマンがブレイクし始めたのは、なんと60歳を超えてからです！

「僕は何をやらせても遅いし、頭もよくないから、普通の人が３日でわかることが30年ぐらいかかって、やっとわかったりします」

「僕よりもはるかに早く飛び出した人たちがもうリタイアしているのを見ると、自分はあまりきらめく

ような才能に恵まれなくてよかったなと思うことが
あります」

　やなせさんは80歳から、突然作曲も始め、歌うこ
とが得意でないにもかかわらず自分で歌うようにな
り、歌い込むうちに次第に声も出るようになりCD
アルバム『ノスタル爺さん』を製作。

なんと84歳で
歌手デビューを
果たしています。

　遠回りは最高に楽しいね。
「ノスタル爺（ズィー）」
　テストに出ます！（笑）

テストに出る！ 先生からのワンポイントアドバイス

最後に精神科医、
斎藤茂太さんの名言を贈ります。
「人生に失敗がないと、人生を失敗する」
失敗こそ、最後は楽しい思い出に化けるんです。

もう、というかすでに
君は1人じゃない

問題

$1+1+1+1+1+1=1$

いくら足しても1になるもの
ってなーんだ？

$$1+1+1+$$
$$1+1+1$$
$$=1???$$

ヒント

答えは1つじゃなくて、いろいろあるよ。

川はさまざまな個性を持っています。

クネクネした川、急流の川。僕の生まれた新潟には、宝石の "ひすい" がゴロゴロある姫川という川もあります。

これは、367キロ、日本一長い新潟の信濃川です。

ちなみに、日本一短い川は和歌山にあります。

その名も「ぶつぶつ川」と言い、全長13.5メートル！走ったら、端から端まで３秒で行けます（笑）。

このように１つひとつの川には、さまざまな個性がありますが、最後は海にたどり着きます。

148

お釈迦様は、

「この世は
川の流れのようだ」

と悟ったと言われてますが、まさに「川」こそ、
「魂を見える化」したものだと言っていいと思います。

「わたし」という川と、
「あなた」という川は
個性は別々ながら、
海(魂)で1つになります。

「川（水）」を「魂」に置き換えると、
「1人ひとり（川）」別でありながらも、
「1つ（海）」である矛盾がちゃんと同居しています。

川（水）＋川（水）＋川（水）＋川（水）＝海（水）

これで問題の答えもわかりましたね。

 1+1+1+1+1+1＝1になるもの……
正解は水です！

水は、いくら足しても1つです。

「我々はみな、互いに1つ。
そのことを見失うな」

ネイティブアメリカンのこの言葉は、こういうことを言っているのだと思います。

そして、「あなたの運命を見える化」したのが、「川の道筋」だと考えてみればいいのです。

川の道筋は、まるで人生のように、激流もあるし、流れが淀むところもあります。

でも、川の運命は最後どうなりますか？

あなたが今上流を漂ってる一滴の雫だとして、1人ぼっちを感じているとしても、その雫は、最後は海にたどり着くことが約束されています。

　つまり、君は海という幸福から離れられない運命なんです。いや、違う。もっと正確に言うなら、

君こそ幸せ（海）の正体です！

　だって海は川からできているんですから。

　だからあとは、安心して上流から海までの過程の全場面を味わっていけばいいんです。

　急流もあるでしょう。

　クネクネ紆余曲折もあるでしょう。

　でもすでに川は海と1つ。

　どんな時も君は幸福と1つなんです。

　人生とは、上流から海に至るまでの観光旅行みたいなものです。

　上流に漂う1滴の雫が今のあなただとしても、そのあなたは今、この瞬間、海につながっています。

　川の流れのように、すべてつながっている。

　これぞ祝福です。

「あの花だけはゆるせない」

「あの花にだけは負けるわけにはいかない」

　と、がんばってるけど、あの花たち、同じ1本の桜の木だとわかったらビックリするだろうね（笑）。

ちゃんちゃん。

僕らは、
alone（1人ぼっち）じゃなかったんです。
all one（すべて1つ）だったのです。
僕らは「1人」であると同時に
「1つ」でもあるのです。

「『私は』ではなく『我々は』を考えることが大切」
　　　　　　　　　　　by ピーター・ドラッカー

④時限目

見る見る
幸せになれる

国語

の授業

夢が叶う"言葉"

難易度 ★★★☆☆ 復習CHECK 🍎🍎🍎

問題

下の3つの漢字をよく見てください。
この漢字を解読すると「夢の叶え方」がわかります。どうすると夢は叶うのか、どうすると夢は叶わないのか、漢字をカンジて、解読に挑戦してみてくださいね。

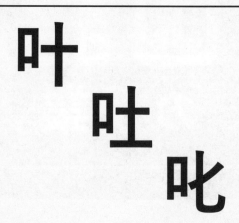

叶
吐
叱

漢字をよ──く見ることがポイントです。

夢が「叶」うには何が大事なのか？

また、どんな時に夢は「吐」き出されるのか、

また「叱」られるになってしまうのか。

漢字が答えを教えてくれます。

僕の本の読者さんが、自転車で北海道1周の旅を
しました。自転車で北海道1周というのは、危うく
鬱になりかけるほど、想像以上にハードだったとか。

　最初は「坂を登った分、次は下れる」とポジティ
ブに考えられるそうですが、途中から足もボロボロ
になり、体力に限界が来ると考え方が逆転。
「下ったら登らなければいけない」と、すべてがマ
イナス思考に転じていき、実際、鬱になりかけたん
だそう。

　そんな時、ある小さな食事処に入った彼。
　カレーセットを注文し、ため息をついていると、お
ばちゃんが日焼けした彼を見て、「自転車で1周か
い?」と聞いてきた。
　しかし、彼は、返事をできる余力もなかった。

「大変なんだね」

　このおばちゃんの優しい言葉で、張り詰めていた

158

糸が切れたかのように、彼はおばちゃんにどっと弱音を吐いてしまったそう。

「ほんとうは家に帰りたくて、帰りたくて。もう僕はダメです。これ以上は走れません。想像以上にハードでした。もうダメです……」

おばちゃんは彼のグチをただただ黙って聞いてくれた。そして、こんな話をしてくれたそう。

「人間ってさ、言葉を言えるじゃない？
　プラスの言葉だったり、マイナスの言葉だったり。それ自体はぜんぜん悪いものではない。
　でも、漢字の『吐く』っていう字を見てみて。
『口』に『土（プラスマイナス）』って書くでしょう。もしもマイナスの言葉を控えたらどうなると思う？」

「は？」

「『叶』うのよ。
あなたの夢は叶うのよ。
やればできるわよ。
ほれ、がんばりな」

ハッとしたそうです。そして、食べていたカレー
が、細胞の隅々にまで染みいるように元気を運んで
くれて、食べ終わる頃には力が湧いてきたとか。

あんなにおいしく感じたカレーは初めてで、

「よし、やればできる！」

この言葉が頭の中で響き、なんとこれ以降、上り
坂も苦にならなくなったと言います。

そして、北海道1周を見事成し遂げたのです。

家に帰った彼は真っ先に、このおばちゃんに感謝
を込めて手紙を送ったそうです。すると、後日手紙
の返事と段ボール箱が届きました。

中にはたくさんのレトルトカレーが！

彼はこう思ったそう。

「なんだ！ あの時のカレー、 レトルトかい！」

そこ？（笑）

レトルトカレー。それでも、夢は叶う！

プラスの言葉を十回、口にすれば、

夢は「叶」うという字になります。

－（マイナス）の言葉を十回、口にすると、

夢は「吐」きだされてしまう。

ちなみに、プラスの言葉を言うのを十回ではなく中途半端に七回でやめるとどうなるか？

はい。中途半端は「叱」られます！（笑）

テストに出る！ 先生からのワンポイントアドバイス

この話、おばちゃんが、彼の弱音を全部、最後まで聞いてくれたところがポイントじゃないかな。
おばちゃんが優しく弱音を聞いてくれたことで、彼の中に溜まっていたネガティブなエネルギーが解放されたのです。言わばマイナスからゼロに戻った。
ゼロの状態で、ポジティブな言葉を聞いたから、力が湧いてきたのです。ありのままの感情を受け入れたうえでプラスの言葉を発すると、その言葉は夢を叶える力を持つのです。

実は、何があっても 心は傷つかない!?

問題

囚人の「囚」という文字は、人が□の枠の中に閉じ込められている状況を示しています。
さて、□の枠の中にいる「人」をあなたが救出してください。四方八方ふさがれていますが、どうやって救出しますか?　制限時間は3分です。

「井の中の蛙　大海を知らず」

　このことわざには続きがあります。

「井の中の蛙　大海を知らず。されど〇〇を知る」

　これがヒントです。この問題の真意が理解できると、人生に深い安堵感がもたらされますので、がんばって解いてくださいね。

この世界には、絶対に、直接見ることができない
ものがあります。

それは、自分の瞳です。

自分の瞳だけは、絶対に直接見れません。

自分の瞳を直接見れるのは他人だけです。

同じように、永遠に認識できないものがあります。

この世界は、縦・横・高さの３次元世界だと言わ
れます。

１次元とは「点」です。

しかし、点の中にいては先ほどの瞳と一緒で、こ
こが「点の世界」だということは永遠に認識できま
せん。自分が１次元の点の中にいると認識するため
には、１つ上の次元＝**２次元**である「**線**」から見る
必要があるのです。

では2次元である線は、どうしてそれが線であることを認識できると思いますか？

線の中にいたのではムリです。

1つ上の次元である「高さ」が加わった立体の3次元から見て、初めて線を認識できます。

つまり、同じ次元の中にいたのでは認識ができず、1つ上の次元に上がってこそ、下の次元が理解できるわけです。

見える化すると、こうです。

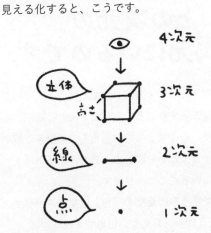

ここまで大丈夫でしょうか？

では質問です。あなたは、縦・横・高さである、この３次元が認識できていますよね？

ということは……

あなたはこの３次元世界の
住人ではない、ということになります。

あなたの体はこの３次元世界にいます。

しかし、

あなたの精神は、
１つ上の次元の
４次元にいるのです。

縦・横・高さに「時間」を加えて、４次元時空という呼び方をすることもあります。

ですが、その場合でも、私たちは時間を理解できてますから、どちらにしろ、あなたの精神は１つ上の次元にいることになります。

仏教で言う色即是空の「色」は見える世界で３次元世界。「空」は見えない世界で４次元世界。

そう考えてもいいです。

体は3次元にありますから、傷つきます。

しかし魂は見えない世界の「空」である4次元世界にいるわけですから、次元が違い、どんなに3次元でダメージを受けても、実は魂は傷ついてないとも言えるわけです。

なぜなら、魂はこの次元にいないからです。

空に雷が何度落ちても、空は1ミリも傷つかないように。

寝ている時に見る夢の中で、どんなに傷ついたとしても実際のあなたは何1つダメージを受けていないように。

だから何があっても、大丈夫なんです。

妻からどんな言葉を浴びせられようと、そんなふうに思って、僕はこれまで切り抜けてきました。

少しはお役に立ちましたでしょうか？（笑）

ではお待ちかね、問題の答えに行きましょう。

四方をふさがれている「□」の枠の中にいる「人」
をどう救出するか？

前も後ろも右も左もふさがれています。「人」は平
面である2次元の世界では完全に閉じ込められてい
ます。しかし、1つ上の次元＝3次元からはまる見
えです。

 **正解は
空から救出する。**

「井の中の蛙　大海を知らず。

　されど空の青さを知る」

　自分の心の動きを上空から観察するように眺める
癖をつけてみてください。自分が今、どう感じてる
か、それを「良い」「悪い」で判断せず、他人のよう
にその心の動きを俯瞰して眺めてみるのです。

　俯瞰してる時の状態を見える化するとこう。

　２次元の平面にいたら迷子になります。**でも、上空からなら、どこに行けばいいかが見えてきます。**

　妻とケンカをしてた頃、「怒ってる自分」を俯瞰して空から眺めるようにしてみたんです。

　すると、「怒ってる自分」が馬鹿らしく見えて笑ってしまうことがよくありました。俯瞰できた瞬間に、次元が上がるので怒りと離れられるんです。これはすごい効果があります。試してみてくださいね。

テストに出る！ 先生からのワンポイントアドバイス

心が揺れてる時、「実況中継モード」を "ON" にするのも効果大です。自分の感情を心の中で実況中継するんです。「さあ、妻がまた些細なことで怒り始めました！」みたいな感じでね（笑）。

欠点だらけの人が世界を救う！

難易度 復習CHECK

問題
「欠点」は残念なイメージを連想するかもしれませんが、読み方次第で、ステキなイメージに変わります。どう読むといいでしょうか？

欠点

うちの息子が妻の手作りグラタンを初めて食べた
時、ひどく感激しまして「かあちゃん、何これ?
ヤバい、めっちゃうまい!」と騒いでたんです。

「今まで食べた中で一番おいしかった?」と聞いた
ら「2番目」と。
「じゃあ一番は?」と聞いたら、「柿の種」。
　妻は、ガクッとコケてましたね(笑)。

　さて、この話は、ヒントにまったく関係ありませ
ん。関係あるのは柿の種だけで、柿の種にとってピ
ーナツとの関係性。それがヒントです。

『スラムダンク』や『バガボンド』など、国民的人気漫画を生み出してきた井上雄彦さんは、キャラクターの魅力を引き立てるための秘密をこう明かしています。

「登場人物すべてに、
かならず1つ〇〇を作ること」
（答えは漢字2文字です）

さて、なんでしょう？
はい。それが冒頭の問題の「欠点」です。

井上雄彦さんは、『スラムダンク』成功の秘訣をこう答えていました。

「登場人物すべてに、
かならず1つ
欠点を作ること」

なんでもできるオールマイティな登場人物は絶対に作らないのだとか。

たしかに、主人公・桜木花道は才能はあるけど**バスケットの経験がゼロ**。

　そのライバル・流川楓（かえで）はすごいテクニックを持ってますが、**ディフェンスに穴があり、体力もない**。

　宮城リョータは、すばしっこくて敏捷性（びんしょう）はピカイチですが、**身長が低い**。

　三井寿は、天性の素質を持ちながらも、**グレて一時期バスケ部を離脱。ブランクがあり、体力に問題がある**。

　キャプテンの赤木剛憲（通称ゴリ）はディフェンス力に優れ、リーダーシップもあり、情熱も申し分ないんですが……

　いかんせん、あだ名の通り、

顔がゴリラ似！（笑）

　こんなふうにみんな欠点があるのですが、それを支え合い、活かし合うから、いいチームになり、面白いドラマ（漫画）になるんです。

かならず登場人物に欠点を作る。
これが漫画を面白くするコツなのだとか。

図にすると、こうです。

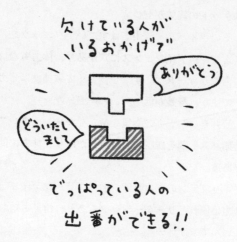

　凹んでる人がいるからこそ、凸の出番が生まれるんです。

あなたの欠けてる点は、誰かに出番をプレゼントしていることになるのです。

　そう考えたら、欠点こそ愛。
　欠点こそ慈悲です。

　これで問題の正解がわかりましたよね？

「欠点」とは欠けている点でなく、この世界を面白くする上で、あなたに欠かせない点なんです。

柿の種にとって、ピーナツが欠かせないようにね。
「先生、質問です。私はご覧のように、欠点が1個どころじゃなくて、何個もあるんですが、そんな私も大丈夫ですか?」

凹みだらけだという君。
大丈夫どころか、あなたこそ、
みんなを活かす愛の天使です!

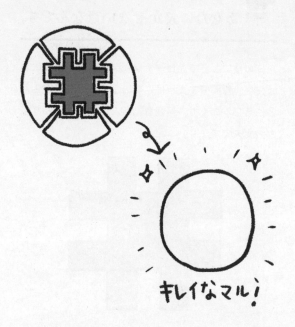

キレイなマル！

欠点が多い人ほど、どんどん人の力を借りて、大きな〇(マル)になれるんです！

テストに出る！ 先生からのワンポイントアドバイス

経営の神様、松下幸之助は「自分を出世させたのは3つのことしか考えられない」と言っています。

その3つとは……

「1つ目は、家が貧乏だったこと。

2つ目は、学校へ行ってないこと。

3つ目は、病気だったこと」

家が貧しかったから、お金持ちになろうとした。

学校に行ってないから、本を読んで勉強した。

体が弱いから、自分の代わりになってくれる人を育てようと思った。

すべての欠点を活かすことで、松下幸之助率いる松下電器産業（現在のパナソニック）は日本を代表する企業にまで育ったのです。

見る見る
幸せになれる
給食
の時間

"不幸の一歩先"にある光

難易度 ★★☆☆☆ 復習CHECK

問題 おいしいものを食べるための最高のソースは、いったいなんでしょうか？

待ちに待った給食の時間です！

　でも、この問題を解くまで、お預けなのだ〜。

　そう、ヒントはお預けされるほど給食がおいしくなることにあり。

　ということは……？

解説 ● 自分が何を体験したいかわかる弓矢の法則

おいしいものを食べるためには、食材にこだわることも大事。産地を吟味することも大事。調理方法にこだわることも大事。誰と食べるかも大事だし、どこで食べるかも味を大きく左右します。

でも、おいしいものを食べるために、最も大事な要素は……

誰におごってもらうか？

違う！（笑）

おいしいものを食べるのに一番大事なことは、

ズバリ、
空腹であることです！

たとえ3万円のコース料理だって、ラーメンを3杯食べた後に食べないといけないとしたら、拷問でしかない（笑）。

ヨーロッパのことわざで、

「空腹は最高のソース」

と言われるゆえんです。

はい。これが正解でした。

「空腹」が「おいしい」という体験をするための「幸せの前半分」ってことです。

式にするとこう。

実は、空腹は
幸せの一部だったんです。

これはすべてにおいて言えます。

たとえば、「ゆるす」という体験が存在するには、「ゆるせない」という体験が先に必要ですから、同じように式にするなら、

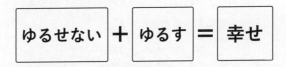

「ゆるせない」は「ゆるす」という幸せに欠かせない前半分の体験なんです。

このことが理解できると、**嫌な体験をしてる時には、ほんとうはその逆の体験をするための「前半分の幸せ」を体験している**ことが、わかります。

　常日頃、「自分には価値がない」と思ってる人は、それが幸せの前半分。「自分には価値があった」というドラマを体験するためのプロセスの真っ最中です。

　「自分には能力がない」と思ってる人は、それが幸せの前半分。「自分には能力があった」というドラマの前半部分なんです。

　「自分には愛がない」と思ってる人は、「自分には愛があった」と気づくための前振りです。

　「自分は１人ぼっちだ」と思ってる人は、それが幸せの前半分。「自分はみんなとつながっていた」という感動を後にとってあるんです。

　今、体験してることの真逆を見たら、あなたの『人生』という映画のテーマ＝「何を味わいたいか」が見えてきます！

これを見える化するならば、弓に当てはまります。

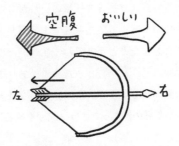

弓を左へひけばひくほど、矢はその反対の右側へ、遠くまで飛びます。

「空腹」という弓をひけばひくほど、反対側の「おいしい」という体験が、より強度を増します。

ちなみに、僕は講演で全国を飛び回っているので、各地のおいしいものをごちそうになる機会が多いのですが、今まで食べた中で一番おいしかった食事はこれです！

どこにでもある、おかゆ。

でも、これがズバ抜けて一番おいしかった。

大学生の頃、習っていた武道で1週間、水だけで過ごす断食をしたことがあるんですが、その後に食べたおかゆほど、おいしかった食事はありません。

全身に染みいるようで、思わず、「うますぎや、おかゆ染みいる蟬（せみ）の声」っていう一句がもれるほど、うまかったんです（笑）。

「空腹」という弓をひくほど、「おいしい」という幸福度は威力を増すのです。

同じように、「ゆるせない」という弓をひくほどに、「ゆるせた」時の解放感は増します。

「不幸のこの先で、自分はほんとうは何を体験したいんだろう？」

これからは、この視点を持つといいんです。

辛いの一歩先を見るのです。
すると、幸せという
字になります。

ディズニー映画の物語を作る時は、主人公をどこまで不幸に追い込めるかを最初に考えると聞いたこ

とがあります。弓を不幸に向けてひきまくったほう
が、弓を放つ時の解放感（カタルシス）が増すから
です。

　**これからは、運が悪い時が続いたら、弓をひいて
いる。運を貯めているって思えばいいわけです。**

　そして時が来たら、矢は、その逆の体験に向かっ
てまっしぐらに飛んでいきます。

　これがわかれば、どんな時もハッピーだね。

　そして、空腹は「今、ごはんを食べる時だよ」と
教えてくれる、とっても大事なサインでもあります。

　不快な感情も一緒。あなたに今、必要なものを教
えてくれているんです。

テストに出る！ 先生からのワンポイントアドバイス

「グルグルグル〜」（お腹の鳴る音）
空腹の音は幸福のサイレン。今日も、最高のソースができ
あがったぞ〜。いっただきま〜〜す。
給食の時間にまで問題が出るって、ひすい先生はスパルタ
だって思う人もいるだろうけど、ごはんの時にまで、ひす
い先生は僕らに幸せになってもらいたいんだって見方もあ
るね。正解は後者！（笑）

⑤

時限目

見る見る
幸せになれる

英語

の授業

貧乏をしたい人がいる!?

難易度 ★★★★☆　　**復習CHECK** 🍎🍎🍎

問題

「人生に必要なのは
勇気と想像力とサムマネー」

これはチャップリンの映画『ライムライト』の
セリフです。人生には「courage」（勇気）が必
須アイテムなわけですが、この単語を分解す
ると、
「courage」＝「cour」（?）＋「age」（集合）とな
ります。cour？　あまり聞き慣れない単語だ
と思いますが、何を「集合」させると「勇気」に
なると言っているのでしょうか？

What's cour?

ヒント

　この答えがわかると、あなたは自分のありのまま
に〇を出せる人になります。
　答えを以下からお選びください。

①「小銭」を集合させると「勇気」になる
②「駅スタンプ」を集合させると「勇気」になる
③「さだまさしさん」を集合させると「勇気」になる

　ごめんなさい。やっぱり、この中に答えはありま
せん（笑）。
　何を集合させると勇気になるのか？
　それは、虹がなぜ7色に見えるのか？
　そこにヒントがあります。

「楽しさ」とは、喜怒哀楽の起伏すべて

　何を集合させると「勇気」になるのか？

　その答えに行く前に、虹がなぜ7色に見えるのか？
の説明から入りましょう。

　太陽の光は本来、白色光です。

　**それが下図のようにプリズムに反射すると、7色
に分かれるのです。** これが光の見える化です。

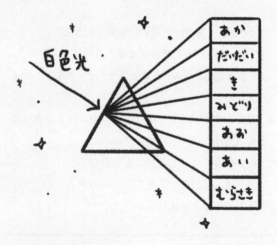

　白色光である太陽光は

　「赤＋だいだい＋黄＋緑＋青＋藍＋紫」

　という構成でできています。

つまり、7色を集合させると、光に戻れるのです。

逆に言えば、1色でも欠けると
太陽光に戻れないわけです。

これは幸せに生きる上で、大いにヒントを与えて
くれる現象です。

実は、人間の基本的感情も太陽光と同じく、心理
学的には7つに分類できます。

人間の基本的感情（心）＝
「悲しみ・幸福・怒り・軽蔑・嫌悪・恐怖・驚き」

以下は、あなたの自我（表面意識）は納得しない
でしょうが、ストレートに真実を言います。

僕らの命は、全部を
体験したいんです。

良いも悪いも。不幸も幸福も。
すべての体験を味わいたいんです。

今日、フグは安全に食べれるようになりました。
しかし、そうなるまで、どれだけ多くの人が命を

落としたことか。それでも、あきらめなかったんです。フグが食べたいと。他に安全でおいしいものはいくらでもあったにもかかわらず。

　僕らの魂は、すべてを味わってみたいんです。

　カウンセラーでありコンサルタントでもある、友人の"大ちゃん"こと、吉武大輔さんと話している時、大ちゃんはこう言いました。

「貧乏になることを選んで
**　生まれてくる人もおるんよね」**
（「おるんよね」というのは大ちゃんの山口弁です）

「えええ!?　貧乏がミッションっていう人がいるの?」

「貧乏になることそのものが使命じゃなくて、『お金がない』という状況の中で、どのように命を使うのかが使命なんよ。状況を良い、悪いでジャッジするのではなく『今の状況は、自分が選んできたこと』という認識を持ちながら、自分の人生の意味を見出<ruby>出<rt>いだ</rt></ruby>していくと、貧乏だろうが、お金持ちだろうが、自

分が一番体験したいことが体験できるという奇跡につながっていく」と。

　お金があるがゆえに体験できないことだってあるから、貧乏も、裕福も、どちらも楽しめる自分になることが、僕らの魂のミッションなのです。

　だから、今、お金がないとしたら、その状況の中に隠されている価値ある体験や愛を、どうやって見出すかというゲームの真っ最中なのです。

　でも、貧乏が嫌だ、嫌だと受けいれないままでは、貧乏は終わらない。

なぜなら、魂はこの状況の中で愛を見出す体験を味わってみたいと望んでいるから。

　その状況をちゃんと、受けいれて、認めた上で、愛や心の豊かさを見出せたら、めでたく貧乏という体験は、

「体験済み」
（ミッション完了）

になり終了。すると新しい体験（アトラクション）が自然に訪れます。

　僕らの潜在意識は、ほんとうは不幸など恐れてい

ません。

　遊園地で絶叫マシーンに行列ができるように、人生を彩るアトラクションとして、全部を受けて立とうと面白がってるんです。

　でも、表面意識は、恐れによって、現実から目をそらしてしまうので、「体験済み」にならず、ズルズルひきずってしまうだけです。

　大ヒットとなった映画『君の名は。』の監督の新海誠さんは、

「楽しさというのは、喜怒哀楽の感情の起伏すべて」

と言っていました。そう、全部あるのが豊かさであり、楽しさなんです。

　君の潜在意識はちゃんとそう知っています。

だから、言わばこの世界は、自作自演の紙芝居。

以上の前提をふまえると、ようやく正解が見えて
きました。
　英語では、「心」を全部集めると、
「心」(cour) ＋「集合」(age) ＝「courage」
「勇気」となります。

 正解は「心」でした。

　良いも悪いも、自分の心のすべてをありのままに、
受けいれ、認め、ゆるし、愛してあげた時に、
　湧き上がるものが「勇気」なのです。

テストに出る！ 先生からのワンポイントアドバイス

赤＋だいだい＋黄＋緑＋青＋藍＋紫＝白色光（太陽光）
だったわけですが、では
悲しみ＋幸福＋怒り＋軽蔑＋嫌悪＋恐怖＋驚き＝？
これは何になると思いますか？
先生はこう定義しています。

悲しみ＋幸福＋怒り＋軽蔑＋嫌悪＋恐怖＋驚き
　＝愛（LOVE）！

ストレスには
抜け穴がある！

難易度 ★★★☆☆　復習CHECK

問題

マンションには、管理人がつきものですが、時間にも、管理人がいるのだそうです。その名は、トート。"時の管理人"と言われる神様です。

さて、ある日、トートはトートバッグの中にトートツに「プレゼント」を入れて、次の3つの時間の中のどこかにプレゼントを隠しました。さて、プレゼントを隠したのは「過去」「現在」「未来」、この3つのうちどれ？

「過去」「現在」「未来」

　まずは漢字をよーく見てください。

「過ぎ去った」と書いて過去。

「現に在る」と書いて現在。

「未だ来ず」と書いて未来。

　プレゼントはどこにあるか、これでわかったよね？

　トットと答えるか、トートーと答えるかは、

　あなたの自由です（笑）。

「ストレス解消」とはよく目にする言葉ですが、

「では、ストレスってなんですか？」

　と聞くと、「え？　言われてみると、よくわからない……」という人が多いんです。

わからないものは解消しようがない（笑）。

　そんなあなたのために、今回の授業では、「ストレスの正体」（悩みの正体）を見える化しましょう。

　正体が見えれば、自動的に解決策も見えてきます。

　まずは、僕らが１日にどれくらい考えごとをしているのか、ご存知ですか？

　アメリカのディーパック・チョプラ医学博士によると、**人は１日に６万回もアレコレと考えごとをしてるそう。１日６万回、１時間に2500回もどうにもならないことを無意識に考えている。**

しかもその９割は
昨日と同じことだそう！

悩みとは、一言で言うなら
「考えすぎ」のことです！

　考えてもどうにもならないことを考えている状態。
そういう時は、こう考えてみてください。

　僕らは、1日6万本の「意識の矢」を持っている。
その6万本の意識の矢を、考えても、どうしようも
ないことである「過去の後悔」か「未来の心配」に
向けて放っている。それでは疲れるわけです……。

　もちろん、過去と未来に思いをはせること自体は、
悪いことではありません。

　考えてなんとかなることも当然ありますし、これ
からどう生きたいのか自分の未来について真剣に考
え抜くことは、すばらしいことです。

ただ、現代人は考えてもどうにもならないことを
考えすぎだということなんです。

　なにせ１日６万回ですから、せめて２万回減らし
て４万回にとどめて、残りを考えたらなんとかなる
ことに意識を向けなおしましょう。

「10秒考えてわからないものは
　それ以上考えても無駄だ」

by 孫正義

11秒から先は
ストレスだってこと！（笑）

ではここでストレスの正体を見てみましょう。これが「ストレスの見える化」です。

　バウムクーヘンの中心を「現在」とすると、中心から左が「過去（の記憶）」。
　右が「未来」になります。
　こうすると、「過去」「現在」「未来」、そして「ストレス」の本質が見えてきます。

【現在から過去までの幅】と 【現在から未来までの幅】を 「ストレス」と呼びます。

ストレスは、過去のことを悔やんでいる時、もしくは、未来のことを心配している時に生まれるからです（未来にワクワクしているならストレスにはなりません）。

つまり、どんなに悩んでいる渦中にあろうと、

意識が「現在」にとどまっている間は、ストレスは存在できないことがわかります。

人間の意識は、一度に１つのことにしか向けられないので、「現在」に意識を戻せば、ストレスは存在できないんです。

では、どうすれば意識を現在に戻せるのか？
簡単です。

意識を「体」に戻せばいいんです。

体はいつだって「現在」にあるからです。

過去や未来に体があったら怖いですよね？（笑）
　そして "体に戻る" とは、体にもとづく「五感」
に戻るということです。

　五感とは、
「耳」で聞く。
「手」で触る。
「鼻」で嗅ぐ。
「舌」で味わう。
　そして、本書のテーマでもある **「目」で見る。**

**　五感をちゃんと働かせて生活すれば、ストレスは**
激減するわけです。

「Don't think. FEEL!」
　　　　　by ブルース・リー（『燃えよドラゴン』）

　1分でいいので、音楽に耳を傾けてじっくり味わ
ってみてください。
　1分でいいので、ごはんを食べる時に味に意識を
向けてゆったり味わってみてください。

この1分には、
ストレスは
存在していません。

　でも、過去を後悔したり、未来を心配しながらごはんを食べてる時は、「**いつのまにかごはんを食べ終えていて味がわからなかった**」ということがあると思います。

　その時はストレスがあります。

「『未来』を憂うのは取り越し苦労。
『過去』を憂うのは持ち越し苦労」

　　　　　　　　　　　by はせくらみゆき

　だから、ストレスから抜け出そうと思ったら、「過去」でもなく「未来」でもなく、
「現在」（バウムクーヘンの中心）に帰ってくればいいだけです。

　ここで問題の正解も明かしましょう。

「過去」は英語で「past」。

「未来」は「future」。

「現在」は英語で「present（プレゼント）」。

 正解は文字通り
「現在」が、
「プレゼント」でした。

過去を思い煩うことなく、

未来を憂うことなく、

只今（＝現在）に戻ることを禅の世界では

「ただいま」

と言います。

そして、「今」に戻ってこれた人に「おかえり」と
言うわけです。

おかえり。
よく帰ってきたね。

最後に「present」の語源も見てみましょう。

「present」の語源は、
ラテン語の「praeesse」です。

「prae（前に）
＋esse（ある）」

つまり、目の前にあるものとなります。

やっぱり、「プレゼント」は僕らの目の前の日常に
あったんです。

**ほら。このように、今「現在」こそ、
外界をリアルに見通せる場所なんです。**

目の前に見えるものすべてが「プレゼント」です。

Nowhere.（どこにもない）

　どこを探しても見つからなかった幸せの青い鳥は、
よーく真ん中を見てみたら見つかったんです。

そう！
いま(now)、ここ(here)に！

Yesterday is history.
Tomorrow is a mystery.
Today is a gift.
That's why it is called the present.

"昨日は過去のこと。明日は未知のもの。
今日は贈り物（プレゼント）。
だから「現在」(present) のことを
「プレゼント」(present) と呼ぶのです"

by アリス・モース・アール

⑥
時限目

見る見る
幸せになれる
音楽
の授業

性格があなたじゃない！

問題

さて、今日は、まさし君の晴れ舞台。音楽の演奏会です。まさし君のライバルである、あなたも、当然この演奏会に合わせてコンディションを整えてきました。さて、この絵の中にあなたがいるとしたらどれが自分らしいですか？

真ん中で、トランペットを一生懸命吹いてるのが
自分らしいか。

ワクワクしながら一番前でバイオリンを弾いてる
のが自分らしいか。

全体を見守りながら、ドラムを叩いてるのが自分
らしいか。

いや、全体を指揮してる指揮者が自分らしいか。

楽器は演奏せずに観客として楽しんでるのが自分
らしいか。

さあ、あなたらしいなと思うのはどれでしょうか?

浮かばないなら、まずはまさし君はどれなのかか
ら、特定するのもいいでしょう。

もしあなたが、今の自分を好きになれないと悩ん
でいたとしたら、この絵の中に、その悩みを解決す
るヒントが隠されています。

そもそも、自分を好きになるのは不可能だって知っていましたか？

だから、「自分を好きになれない」なんていう不毛な悩みで自分を責めないでくださいね。

小学校の時、クラスの子全員を好きでしたか？

中学の時、高校の時、そして会社に入ってから、嫌だなって思う人はいませんでしたか？

いましたよね。1人や2人いますよね。

下手すると、家庭にも嫌だって人がいたりしますよね。ご主人とか、奥様とか（笑）。

これまでの人生で、僕らは、一度もすべての人を好きになったことがないんです。

その事実をまずふまえてください。

実は、自分の中にも
いろんな自分がいます。

僕なら、娘の前では、ただひたすら笑っている温厚な父親です。

息子の前では、もう1人のやんちゃな子どもです。

　初対面では、ほとんど自分からは話さず、ただ相手の話を聞くだけの物静かな男です。

　同級生のカミムラ君の前では、しゃべりっぱなしで、ずっと僕がしゃべっています。

　本作りに関わる人の前では、妥協しない頑固一筋の男です。

　妻の前では、妥協しっぱなしの男です（笑）。

　じゃあ、ほんとうの自分はどれか？

どれでもない。
どれも僕の性格の
一部に過ぎません。

「引っ込み思案な性格を変えたい」

　などと、相談されることがあるんですが、僕の答えはこうです。

「性格は変えなくていい。
そのままでいい」
だって、性格があなたじゃないから！

性格とは、他人との関係性から生まれるものです。だから相手が変われば、自分も変わります。

うまく自分の本音が言えないなんて言ってる人も、子どもには思いきり本音で叱っていたりする（笑）。

性格とは、あなたの本質ではなく、あなたが着ている「服」のようなもの。

性格≠自分
性格＝服

だから、その都度、その都度、その時の気分にぴったり合った服に着替えればいいだけです。

ほんとうのあなたは、性格などではなく、信念や主義、主張でもなく、
「この場面ではこの性格で行く！」と「選択するあなた」のほうです。

服が君じゃないんです。
「今日はこの服で行く」と、選んでいるのがほんとうの君です。

そして、成長とは
新しい服（選択肢）を
選べるようになること。

そう、この絵で言うと「指揮者の自分」こそ、自分の性格を選べるほんとうの自分です。

今度、すごく悩むことがあったら、その時に「**ナポリタン**」って言ってみてください。

怒ることがあったら、「**ペペロンチーノ**」って言ってみてください。

言おうと思えば、かならず言えるはずです。

あなたが怒りの塊になっている時でも、「ペペロンチーノ」と言えるってことは、「あなた」＝「怒り100％」ではないってことです。

こんな時でも、「ペペロンチーノ」って言ってみようと選んだあなたが、ほんとうのあなたです。

これがほんとうのあなた

あなたは「△」でもないし「□」でもないし「●」でもないし「★」でもない。

それを選ぶのがほんとうの自分です。

感情や性格すら、ほんとうの自分じゃないんです。

主役は、あくまで、それを選ぶ「あなた」！

そう、僕らは自分の 人生の指揮者なんです。

あなたは人生を選べるのです。

あなたは未来を選べるのです。

パスタを選べるようにね。

「すいませーん。ペペロンチーノくださーい」（笑）

テストに出る！ 先生からのワンポイントアドバイス

自分の中にはいろんな性格の自分がいるので、すべての自分を好きになれないのは当然のこと。

それなのに、自分を好きになれないことで、自分を責めちゃってる人がいかに多いことか。

嫌いな自分に関しては、むりに好きになろうとする必要は一切ありません。

ただ、「こういう時、こう反応しがちな自分の性格ってあるよね♥」って、そのまま認めてあげればいいだけです。

「そう思ったんだね。うん。うん。それでいいよ」ってね。

0点だけど、満点だ!

難易度 ★ ☆ ☆ ☆ ☆　復習CHECK

問題

さて、今日はリコーダーのテストの日。あなたが先生なら、どの生徒に「A」をつけますか?

①1つも間違えずに吹けたものの、つまらなそうに吹いていたグリ君。

②間違いだらけでしたが、すごく楽しそうに吹いていたグラ君。

③多少の間違いがあったものの、なめらかな指の動きで美しく吹いていたゲリ君。

①グリ君。　②グラ君。

③ゲリ君

この問題に正解はありません。ただ、一度、考えてみてください。SNSで聞いてみたり、周りの友達にもこの答えを聞いてみてください。

人によって価値観が違うことを知ることができて、楽しいですよ。

解説 満点は星空だけでいい!

　息子が小学生の時の授業参観。

　音楽の授業で、リコーダーを吹くことになっていました。

　勉強ダメ、体育もダメときたら「音楽はイケる!」、そう思うのが親心。

　そして、いざ、授業がスタート。

　息子は一番後ろの席だったこともあり、じっくりと観察できたわけですが、みんなの指の動きと違うんですね。

　微妙に違うどころか、あきらかに違うのです。

おかしい……。

　授業が終わった後、僕は息子に聞きました。

「リコーダーまったく吹けてなかったよね?」

「うん。とおちゃん、俺ね、
『シー』しか吹けないから」

「『シー』しか吹けないだと!?　じゃあ、先生に叱られるだろ？」

「大丈夫だよ、とおちゃん。
適当に指を動かして、
後は気持ちよさそうな顔して
吹いてると案外バレないんだよ」

「……」

　息子よ。「ドー」しか吹けないならまだわかるが、なんで「シー」なんだ？　と、疑問は尽きぬわけですが、よく考えてみたら、

「音楽」って
音を楽しむって
書くんですよね。

　息子はリコーダーを正確には吹けてないけど、楽しんで吹いてるなら、それが音楽の本質ですよね。
　リコーダーは、音を楽しむという目的のための1つの手段に過ぎないからです。

子どもが公園で遊んでいたとします。

親は、子どもに対して、何をして遊んでほしいとかってないんです。

縄跳びしててもいい。

鬼ごっこしててもいい。

サッカーでも何をしてててもいい。

ただ親が子どもに望むのは、遊び終わった時に、

「楽しかった？」

って聞きたいだけなんです。

「正しさ」よりも「楽しさ」。

人生は満点を目指すのもありだけど、今13点なら「13点でいかに楽しむか」というのだってあります。

大切なのは、1つの価値観に固執するのではなく、状況に応じて柔軟にその時に最適な価値観を選択できることだと思います。

価値観は1つだけではないんです。

価値観の見える化をしてみましょう。

●正しさ（礼儀正しさ）　●美しさ　●かわいらしさ
●楽しさ　●面白さ　●損得　●安心（安全）
●かっこよさ　●人に喜んでもらえるかどうか
●ラクかどうか　●成長できるかどうか
●必要とされているかどうか
●自分らしさを活かせるかどうか
●笑いをとれるかどうか

　これらの価値観はどれがレベルが高いかとか、そういうものではなくて、下図のように円になっているわけです。

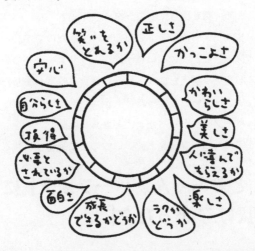

あなたがこの数年でくだした大きな決断の基準を
考えてみると、あなたの傾向が見えてきます。

　僕の場合は「楽しさ」と「面白さ」と「人に喜ん
でもらえるか」最優先男。
　妻は「安心」と「正しさ」と「損得」最優先女。
　１つも大事にしてる価値観が合ってないんですよ
ね。だから、昔はいっぱいケンカしたのは先に書い
た通り。でも子どもの視点からすると、夫婦の価値
観が違うので、いろんな価値観を学べるわけです。

　さて、話を戻してリコーダー。
　リコーダーのテストの日がやってきたのです。
「シー」しか吹けない息子は、どうリコーダーのテ
ストを乗り越えたのか、息子が颯爽(さっそう)と帰宅しました。
「リコーダーどうだった？」
「パーフェクトだったよ、とおちゃん♪」
「何!?　パーフェクト!?　いつのまに練習を!?」

「とおちゃん。パーフェクトに
吹けなかった♪」

この発言に、ひすい家は大爆笑。

　パーフェクトって、できないときも使っていいんだ！（笑）

　リコーダーをパーフェクトに吹けることで喜ぶのは音楽の先生。

　リコーダーをパーフェクトに吹けないことで爆笑したのはクラスのみんなと僕ら家族。

　息子よ、リコーダーは0点でも、この世界に笑顔を増やしたね。とおちゃんからしたら、それは100点満点だよ。

「満点は星空だけでいい」

by 明石家さんま

　息子よ、君はすばらしい！

テストに出る！　**先生からのワンポイントアドバイス**

昔、雑誌で、吉川晃司さんが「かっこいいかどうかが人生の基準」って書いてあるのを読みました。それをやるかどうかを、かっこいいかどうかで決めたら、人生は必然的にシンプルにかっこよくなりますよね。

7時限目

見る見る
幸せになれる
図工
の授業

憧れの
あの人に近づく方法

難易度 ★★★★★　復習CHECK

問題

ここにドラえもんと
アンパンマンを
見本を見ずに描いてください。

まずはノーヒントで描きあげてみてください。

先生も描いてみたのでお楽しみに。

描いてみると、夢への近づき方が見えてきます。

ひすい家でもやってみました。

発表します。**息子が描いたドラえもんです。**

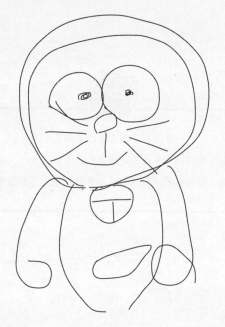

　頭に風呂敷をかぶってる感がありますが、まずま

ずです。

次は、**妻が描いたドラえもん**です。

口が顔からはみ出してる非常事態になっていますが、これもまずまずです。

ドラえもんの風呂敷ヘッドは息子と一緒ですね。

こんなところも遺伝するんですね（笑）。

最後は、娘が描いたドラえもんです。

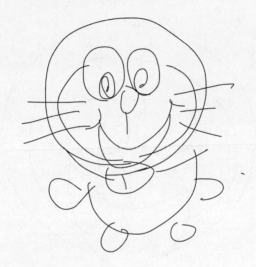

これはもう拍手です。

かなりうまいです。

ちなみに、先生は小学校の時。

ドラえもんを描きたい一心で、漫画クラブにも所
属していたくらいドラえもんラブなので、当然上手
に描けます。

あまりにうまくてみんなにショックを与えてはい
けないので、今回は省かせてもらいました。

次はアンパンマン。左が息子。右が娘です。

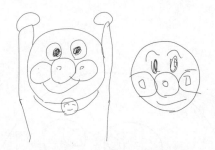

　これもバッチリです。予想以上にうまい。

　気になるところはアンパンマンの腕が異常に短い
くらいでしょうか。

　と思い、実物を見たら、腕が顔を超えてない。

　実際はもっと腕が短いことが判明しました（笑）。

　うちの家族は、勉強よりもアニメや漫画を見るこ
とを推奨していたせいか、絵心があり、なかなかい
い線をいってます。

　きっとみなさんの家族でやると、もっと笑えるは
ずですからやってみてくださいね。

　**ひすい家で唯一、「なんだよこれ！」とブーイング
が飛んだのは、僕が描いたアンパンマンだけでした。**

　こちらです。

笑いすぎです！

　アンパンマンというより、おだんごマンですね。

　やなせ先生、大変申し訳ございませんでした。

　さて、あなたの描いた、ドラえもんとアンパンマンはどうでしたか？

　では次のステップに行きましょう。

　何も見ずに描いたら、次は、インターネットで画像を検索して、見ながら描いてみてください。

　今度は簡単に、しかも上手に描けたことでしょう。

　さて、ここからが本題です。

　お手本があると、ビックリするくらい簡単に描けましたよね？

それはあなたに叶えたい夢が
ある時も同じなんです。

　お手本があれば、夢は俄然叶いやすくなります。

　だから、もし叶えたい夢があるならば、**まずはお手本となる人の「習慣」や、「動作」「やり方」「行動」などを見てマネしてみることです。**

それを心理学用語で「モデリング」と言います。

ちなみに僕が作家になれたきっかけは、ドイツの文豪ゲーテをモデリングしたことにあります。

ゲーテはシャルロッテという女性に惚れて、彼女に1800通のラブレターを書いています。

そのことを知った時、僕の中でこんな公式が浮かんだんです。

1800×LOVE＝天才

ラブレターは文字通り、心をこめて書くものです。つまり、

「ゲーテは1800回も心をこめまくって文章を書いたから、天才になったのではないか？」

そういう仮説が生まれ、読んでくれる人へのラブレターのつもりで「名言セラピー」と題してブログに書き始めたんです。

それで1年近く書きためたものを出版社さんに送ったら、メッセージブック大賞の特別賞を受賞し、作家としてデビューが決定！

最終的にはラブレターの数は、ゲーテ越えを果たし、2000本も書きました。

そもそも、僕の社会人デビューは営業マンでした。

それが「コピーライター」という"書く仕事"に転身できたのもモデリングのおかげです。

僕は人見知りが激しく営業マンとしてはまったくダメで、「会わずに売る方法」を見つけるしかないところまで追い込まれました。

それで「会わずに売る方法」として、広告を作って伝えようと思い立ったのです。

通販カタログをお手本にして、ひたすら書き写すことで広告の作り方を独学で学んでいきました。

その後、広告を作って売り込み先の会社にファックスする営業スタイルに変えたら、なんと……

1年でナンバーワン営業マンになることができたんです。

"ナンバーワン"と言っても、営業マン3人の部署でしたけどね（笑）。

モデリングは非常に有効です。営業マン当初、僕は書くことが好きでもなんでもなかったんですが、やっているうちに、ついには本を40冊以上も書いてしまうほど好きになりました。

あなたが成し遂げたいことをすでに成し遂げている人を探せばいいのです。

その人の本を読もう。講演を聞きにいこう。

できることなら友達になろう。

半径10メートル以内で同じ空気を吸おう!

そしてその人の、

やり方、

あり方、

口癖、

習慣、

服装、

できることをドンドン、マネてみよう。

「学ぶ」の語源は「マネる」ですからね。

おまけ。

「1800通のラブレター、書くほうも大変でしょうけど、もらうほうも大変なのよ」

by シャルロッテ

シャルロッテ、そうは言ってませんけどね(笑)。

コンサルタントの下川浩二さんは著書『人生は、マネしてトクして楽しもう。』（サンマーク出版）の中で、ドンドン成長する考え方として、
TTP TKP OKP の3つを推奨しています。
これはテストに出るので覚えておいてください。
・TTP（徹底的にパクる）
・TKP（ちょっと変えてパクる）
・OKP（思いっきり変えてパクる）
の略です（笑）。

毎日が
奇跡の連続だったんだ！

難易度 ★★★★☆ 復習CHECK

問題

ドミノ倒しは、16世紀にヨーロッパで生まれました
が、最初は、倒すことなく、宮廷で並べて、
その並びっぷりを眺めて楽しむものだったそう。
それを誰かがつまずいて倒しちゃって、「わ―。
逆に面白い」となったのかもしれないですね。
さて、問題。下図にドミノが並んでいます。
一番重要なドミノはどれでしょう？

ヒント

　下記から答えを選んでくださいね。

①「始めよければ終わりよし」ということわざが

　あるので①。何ごとも始めが肝心です

②弾みがつくかどうかは2番手が決める。

　穴場の②番オシ！

③肝試しでは絶対③に並ぶので③！

④連ドラではラスト1つ手前の回が

　一番面白いので④

⑤「終わりよければすべてよし」。

　やっぱり最後が肝心なので⑤でしょ

　この答えがわかると、あなたの涙の意味が変わり
ます。

解説 人生は1枚の美しいパズルだと見る

　ドミノ倒し、一番大事なのは何番目のドミノでしょうか?

　これは、人生をドミノ倒しにたとえることで、意外な事実が見えてきます。

　以前、僕は趣味でタップダンスを習っていたことがあります。きっかけは、北野武監督の映画『座頭市』。ラストのタップシーンに「感動」した僕は、「感」じたら「動」こう、そう勇気を振り絞ってタップダンススクールの門を叩いたのです。

　もともとリズム感のない僕がタップダンスの門を叩く。もう、ドキドキでした。

　僕が通ったのは、プロを目指すような人が来るところではなく、会社員や主婦の方が趣味で来るような教室。しかし、それでも僕はついていけず、1年習っても上達せず……。

　いつも僕だけ1人ぽつんと、後ろで別メニューで練習していました。

　3年続け、4年続け、5年続け……。

それでも、新しく入って3ヶ月の人がすぐに僕を追い越し、また僕だけ後ろでぽつんと別メニューの練習になりました。

その時、僕はトイレに走っていきました。僕は5年もやってるのに、3ヶ月の人に抜かれるんです……。

そして、1人後ろで自主練習。どれだけ僕は才能がないんだ……。トイレで悔しくて泣いてしまいました。

結局、僕は、まったく芽が出ず挫折、やめてしまいました。

でも挫折したタップダンスが
僕の運命を変えたのです！

タップダンスとドミノの話がこの後しっかりつながってくるのですが、一度、ここで話をガラッと変えさせてもらいます。

人生を振り返った時に、あの日が運命を分ける日だったなという日があると思います。

僕にとっての運命の日、それはサラリーマン時代に受けた、あるセミナー。

会場に着いた僕は、カバンを席に置き、場所をキープしてトイレへ行きました。

　トイレから戻ってくると、僕の隣には女性が座っていました。その女性に声をかけられたんです。

「私、今度、心理学博士の小林正観さんの合宿を芦ノ湖のほとりで主催するんですけど、よければ来ませんか？」

　聞いてみると、その合宿は「ものの見方」を学ぶ「見方道合宿」というもので、5日間泊まり込みで行うというではありませんか。

　普通の会社員が5日間も平日に休むなんてほぼ不可能です。

「おすすめですよ」とその女性は言いました。

「は～そうでしょうね（**とはいえ会社員は5日間も平日休めませんって！　←ひすい心の声**）」

「もう、ほんとに合宿はおすすめなんです」

「は～そうでしょうね（**いや、だから会社員は5日間も休めないんですって！　←ひすい心の声**）」

　僕は、この方の、合宿に来たほうがいいビームに押されに押され、5日間、会社を休めるように勇気

を出して社長に頼み、必死に調整して、なんとか合宿に参加できることになったんです。

それで、参加してみると……。

まさにその方が言う通りでした。この5日間で僕の「ものの見方」に革命が起きたのです！（正観先生は亡くなられて、その講座はもう受けたくても受けられないので、ほんとうに行ってよかった）

合宿後。主催者のその女性は、僕との最初の出会いの日についてこう言っていました。

「あの日のセミナー会場。
入るなり、あなたの大きなカバンが
目にバーンと飛び込んできたので、
その隣に座ろうと思って」

当時、僕はドでかいカバンを持っていました。

なんでそんなドでかいカバンを持っていたのか？

タップダンスの
シューズと着替えが
すっぽり入るように。

僕を、あの伝説の5DAYSに導いてくれたのは、

**あんなにがんばったけど
報われなかったタップダンスの
おかげだったんです。**

　主催者さんは、きっとこの大きなカバンの持ち主
なら、そのまま5日間の合宿に来てくれると思った
のかもしれませんが（笑）。

　あの日、あの大きなカバンを持っていなかったら、
今の僕はありません。
　こうして、本を通して、あなたと出会うこともな
かったでしょう。
　**人生って、どこでつながるかわからない面白さが
ある。**

人生って、どれが
欠けても完成しない、
1枚の絵なんです。

　冒頭の問題の答え、もうわかりましたよね？

**人生には「重要なこと」と
「そうじゃないこと」の区別はない。
すべて大事なドミノです。**

今日がどんな日であろうと、

どんなにつらい日であろうと、

たとえ、悔しくてトイレで涙を流したとしても、

**今日という1日は、美しい絵に欠かせないパズル
のワンピースなんです。**

　仮に人生80年とすると、僕らの人生は、29200日
だということになります。

人生＝29200日
つまり、人生とは
29200日のピースで
できている美しいパズル

なんです。

どれか1つ欠けても
パズルは完成しない。

意味のないように見えた日も、

涙を流して泣いた日も、

最悪の日も、

最高の日も、

パズルにとっては、すべてが同価値の大切なワンピースです。

曇りの日も、かけがえのないワンピースなんです。

テストに出る! 先生からのワンポイントアドバイス

僕らには、「良い」「悪い」を判断することは
できないとも言えますね。
ならば一喜一憂する必要もない。
今、目の前にあること、今日起きることを
1つ1つ大切にするだけです!

どんな過去だって、
変えられる！

難易度 ★ ★ ★ ★ ★

問題

不幸続きのダークナイト君のところに、スパイ
ダー君が遊びにきました。スパイダー君は「過
去は変えられるよ。君のズラリと並んだ過去の
不幸を全部幸せに変えられるよ」と得意げに語っ
た直後に、妻からの呼び出しの電話で、顔色
を変えて慌てて家に帰ってしまいました。
ポツンと取り残されたナイト君に、あなたが過去の変え方を伝授してあげてください（笑）。

ヒント

子どもが好きなあのゲームに
ヒントが隠れてるよ。

過去の不幸は感謝に化ける!?

実は、先生には記憶を封印したほどの幼少期のトラウマがあります。

幼稚園の時、好きだった女性の先生が殺されてしまうという事件があったのです。ショックすぎて記憶を封印して、思い出したのがほんの3年前。

思い出した時、昔すぎて事実かどうかすら怪しくて、うちの母親に聞いて初めて事実だったとわかりました。

心理療法のワークショップにて、【幼少期のトラウマと向き合うワーク】をしたことがあるんですが、この時のワークで、昔の記憶にタイムスリップしたんです。

それで、「その時、ほんとうはどうできたらよかったですか?」と聞かれた瞬間、自分でも思いがけない言葉が出てきたんです。

「犯人を幸せに したかった……」

僕の口から飛び出した言葉は、自分でも意外なものでした。

　犯人が幸せならきっと先生のことを殺さなかっただろうから……。

「人は、どうしたら幸せになれるのか？」

　僕の人生を貫くこの「問い」は、幼稚園の時に生まれたように思います。

　作家の寺山修司はこう言っています。

「私自身の存在は、いわば１つの質問であり、
　世界全体がその答えなのではないか」

「友よ。疑問符をいっぱい持とう。
　そうすれば、より多くの答えによって、
　世界全体とつながるのだから」

「人は、どうしたら幸せになれるのか？」

　作家になる前から、なぜか、ずっとずっとずっとこの問いに向き合って生きてきました。

　幼稚園の時に生まれた、この問いが、僕の人生を作ってくれたと言ってもいいでしょう。

「幸せになるものの見方」を追求し、こうして本を書けるようになったのは、幼稚園の時の先生のおかげだったんです。

そう思った瞬間、先生がこっちを見て笑ってくれた気がしました。

そうか。あの日から先生はずっと僕の中で、僕と一緒に生きていてくれたのかと思いました。

だとするなら、僕は先生の作品でもある。

先生の最高傑作になれたかな。

過ぎ去ってしまった過去は変えられないと言われます。ほんとうでしょうか？

過去は変えられます。

今日を幸せにできたら、辛かった過去にも感謝できるようになります。

これが問題の答えです。

人生は、オセロゲームだと思ってください。

生まれた日は誰にとってもオセロで言うなら「白」です。

僕らは生まれた時は、周りから祝福されて生まれてきます。だから、あとは今日を幸せ（白い〇）にしちゃうことです。

　どれだけ「黒い闇（●）のような日々」が続いても、今日を幸せにできれば、過去の黒い記憶が1つひとつパタパタと白に裏がえり反転していきます。

　つまり、今日を幸せにできれば、過去の嫌な思い出をひっくりかえせるのです。

　「今日」はそんなすごい日なのです。

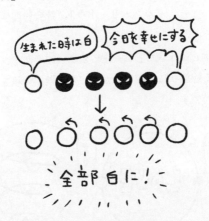

　黒はいつか白くなるための前振りです。

　昨日までの涙はこれからの笑顔のためだったんです。「これまで」を決めるのは、「これから」です。

最後にもっと深くまで切り込みましょうか。

幸せとは？

不幸がなくなることだけじゃないんです！

幸せとは、この涙の先に
笑顔の自分がいるって
信じられることを言うんです。

「真の幸せとは、幸運も不運も受け入れること」

by バネッサ・ボウト（社会心理学者）

「不幸」と「幸せ」は人生の新陳代謝であり、円環の中で螺旋状に循環しながら、愛を学ぶ体験をしているのです。

「不幸」と「幸せ」を「循環」させて、人は愛を深める。そして人生は、川の流れのように流れていくのです。

Like a Rolling Stone.

水は流れてる限り、腐りません。

不幸は敵じゃなかったんです。

不幸に見える現象、幸せに見える現象。

2つを循環させて、命は淀むことなく、愛を深めながら流れていきます。

流れの中で、あなたの命は再生し、光を増していくのです。

人生は川の流れのように。

テストに出る！ 先生からのワンポイントアドバイス

愛を深めるために
神様は「不幸」を発明したのです。
この星は愛を学ぶ偉大な学校です。

傷の数だけキラキラ光る

問題 この折れ線通りに折ると
何が現れるでしょうか？

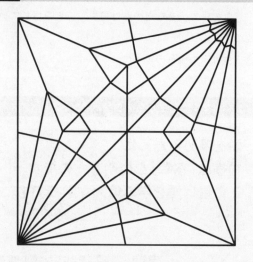

日本だけでなく、欧米でも「幸運のシンボル」と
されているものです。

「ひすい先生」と答えたあなた、ありがとう。

あとで職員室に来てください。

特別にサインします。

……え？　サインいらない？（笑）

この答えがわかると、傷つくことだって意味があ
るんだということがわかります。

解説 傷ついたのは生きたからである

「爆裂水晶（ばくれつすいしょう）」って見たことありますか？

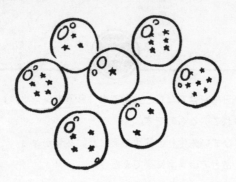

……。

近いですけど、それはドラゴンボールですね。

ていうか、よく7つそろえられましたね（笑）。

「爆裂水晶」、正しくはこれです！

262

爆裂水晶とは、外側から人工的に圧力をかけ、内側にたくさんの傷を入れた水晶です。

「クラッククオーツ」とも呼ばれます。

では、なぜわざわざ透明でクリアーな水晶に、傷を入れるのか？

傷が光るからです。

傷に光が当たると、七色の虹が出る。

透明な水晶ももちろんキレイですが、残念ながら光は反射しません。

心も一緒じゃないでしょうか。

心に受けた傷。
でも、それがあなたを磨き、
あなたらしさを光らせてくれるのです。

「傷ついたのは生きたからである」

by 高見順（詩人）

そう、生きることは美しいのです。

娘がまだ小学生の頃、一緒に勾玉を作るワークショップに参加した時の話です。

最初にマッチ箱みたいな四角い石を渡されて、それをやすりで磨いて勾玉にしていくんです。

その時、気づきました。

磨くって、実は、やすりで傷をつけていく行為なんだって。

石に傷を何度もつけて磨き、なめらかな美しい勾玉にしていくのです。

それで、ワークショップ中、ふと見たら、知らないお父さんがうちの娘の手伝いをしてくれていました。

僕は夢中になってしまい、娘の存在をすっかり忘れていたんです（笑）。

僕が心理療法を学ばせてもらった矢野惣一先生は、何度も何度も心が折れて、自殺を考えるところまで追い込まれたことがあったそうです。

でも、心が折れるたびに、どうすれば自分を大事

にできるかを学び、

　心が折れるたびに、心のことを深く理解し、

　心が折れるたびに、人に優しくできるようになっ
ていったそうです。

**「だから、心が折れそうな時は
折れたっていいんだ」**

　矢野先生は言います。

**「1枚の紙が何回も折れて
美しい折り鶴になるように、
私たちの心も何回も折れて、
立ち直ったつもりでも、
また折れて、そんなことを繰り返して、
いつのまにか、
美しい人生ができあがるんだと思う」**

　なんて美しい、人生に対する見方でしょう。

では問題の答え。図の折れ線を折ると、ほら。

 日本でも欧米でも、
幸運のシンボルとされている、
美しい鶴になります。

悩んだ数だけ、
傷ついた数だけ、
心が折れた分だけ、
あなたは、より繊細で美しい、
折り鶴になれるのです。

悩ませてくれてありがとう。

いつか、かならず、そう言える日が来るよ。

だいじょーうぶ。

宇宙はあなたの味方だよ。

テストに出る！ 先生からのワンポイントアドバイス

こっちもテストに出るぞ。

図工 「自分のほんとうの正体」を見える化

私とは私以外のすべて

難易度 ★★★★★　復習CHECK

問題

「花は香り。人は人柄」という言葉があり
ますが、僕らの心をいつも華やかに彩っ
てくれる花の存在。さて、その花の90％
は何でできているでしょうか？

$$90\% = ?$$

ヒント

　この答えがわかると、意外な「自分の正体」が見えてきます。

　そして「自分を嫌い」と言う人は、これまで出会ったすべての人たちに対して失礼だということがわかります。

　ノーヒントでお願いします。

うちの息子が小学生の時のこと。

人の絵を描いていました。しかし、不思議な描き方をしていたのです。

人の輪郭を描くのではなく、背景を塗りつぶして人の姿をあぶりだすように描いていたんです。

僕はそれを見た時に、衝撃を覚えました。

これこそ、
自分のほんとうの正体の
見える化だと
思ったからです!

「自分」とは自分の背景のこと。
つまり、自分とは
自分以外のすべてじゃないか、と。

　先日、愛知県で講演をさせていただいた時のことです。講演後、そのまま立食パーティになり、僕は本を買ってくれた方にサインをしていました。

　1人ひとりの話を聞き、感じた言葉を添えてサインをしていたのですが、こんな質問をしてくださる方がいました。

「どうしてひすいさんは、こんなに丁寧に1人ひとりに話を聞き、サインができるんですか？　私はいろんな講演に出ていますが、ここまで丁寧に話を引き出してサインをされる方に初めて会いました」

　この日は、立食パーティ形式になっており、サインをする時間がたくさんあったからなんですが、たしかに気づけば、実質3時間、僕は飲まず食わずで、ひたすらサインをしていました。

「どうしてこんなに丁寧に１人ひとりに話を聞き、
　サインができるんですか？」

　そう聞かれて、ハッとその理由に気づき、僕はこ
んな話をその方にしました。

**「僕の友人で、僕なんて足下にも及ばないくらい読
者さんと本気で向き合ってサインをする作家がいる
んです。そんな彼の姿を見ていたから、自然に自分
もそうしようと思ったのかもしれません」**

　そう言いながら、なんだか僕の瞳がうるうるし始
めていました。

いつのまにかその友人の存在が
僕の血となり肉となり、
僕のエッセンスとなり、
僕の中に存在していることに
気づいたからです。

「その友人の名前は、絵本作家の、のぶみさんと言
います。ぜひ一度、彼の講演を聞きにいってみてく
ださい」、その方にそう伝えました。

おいしいものを食べた時、僕はそれを妻や子どもたちにも食べさせてあげたいとすぐに思います。

　これは外食先で、おいしいものほど僕に食べさせようとしていた僕の母の気持ちが僕に宿っている影響なのでしょう。

　子どもが出かける時はかならず、僕は玄関まで行って見えなくなるまでお見送りをします。

　それは父がそうしてくれていたからだと思います。

　講演にはかならず笑いが生まれるようにする。

　それは僕の心理学の恩師、衛藤信之先生の講座がいつも大爆笑だったからです。

　ではここで、問題の答えに行きましょう。

　実は、花の90%は水でできています。

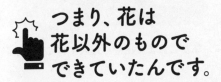

つまり、花は
花以外のもので
できていたんです。

同じように、僕は「僕以外のもの」でできています。これが「私」の正体。「私」の見える化です。

Ⓐ＋Ⓑ＋Ⓒ＋Ⓓ＋Ⓔ＋Ⓕ＋
Ⓖ＋Ⓗ＋Ⓘ＋Ⓙ＋Ⓚ＋Ⓛ＋
Ⓜ＋Ⓝ＋Ⓞ＋Ⓟ＋Ⓠ＋Ⓡ＋
Ⓢ＋Ⓣ＋Ⓤ＋Ⓥ＋Ⓦ＋Ⓧ＋
Ⓨ＋Ⓩ＝　僕

私が出会った人すべて＝私

私の中に、私がこれまで出会った人すべてが生きている。

日本語は、まさにそういう世界観でできています。

274

五十音表を見てください。

「ア」行から始まり、「ワ」行にたどり着くのが日本語の五十音です。

ワ	ラ	ヤ	マ	ハ	ナ	タ	サ	カ	ア
ヰ	リ	イ	ミ	ヒ	ニ	チ	シ	キ	イ
ウ	ル	ユ	ム	フ	ヌ	ツ	ス	ク	ウ
ヱ	レ	エ	メ	ヘ	ネ	テ	セ	ケ	エ
ヲ	ロ	ヨ	モ	ホ	ノ	ト	ソ	コ	オ

「ア」ナタから始まり、
すべてを包括して
最後に「ワ」タシに至る。

これが、「五十音の世界観の見える化」です。

イザナミとイザナギが最初に生んだ日本の島は、「淡路島」です。まさに「アからワに至る路」、それがアワ（淡）路島のことです。

伊勢神宮は別名「五十鈴の宮」と言いますが、**五十の鈴とはまさに五十の音、五十音。**

　五十音が日本人の世界観を示しているんです。

あなたが今日まで出会った人すべて ＝「あなた」です。

「『自分を嫌い』と言う人は、自分を好きになってくれる人に対して失礼である」

by きつかわゆきお

　「自分を嫌い」と言う人は、これまで出会ったすべての人たちに対して失礼なんです。

　だから、これからは、今日出会う人を"自分"だと思って生きてみてください。

　先生が最後に君に伝えたいのはそのことです。

　これにて授業は終わりです。

　よくがんばりました。

　もし、問題に１つも正解できなかったとしても、**先生はあなたに21点をあげます。**

宮沢賢治は、作家になる前に高校の先生をしていました。0点でも、名前だけ書いてあれば20点をつけてくれたのだそう。

なぜなら、0点の存在などこの世界にいないからです。

　宮沢賢治が20点なら、ひすいこたろうはあなたに21点あげます。こんなところで張り合わなくてもよかったね（笑）。
　あなたに拍手を贈ります。そして、あなたがこれまで出会った人すべてにも心から感謝します。
　あなたはすばらしい。

　では起立。礼。
　ありがとうございました!!!

ひすいこたろう

I love you because you are you.

幸せが見えた

おわり

の会

結局答えは1つなんだ

難易度 ★☆☆☆☆　復習CHECK

問題

最後の問題です。
世界で一番小さな海は
なーんだ？

今日でみんなとお別れだと思うと先生はほんとうに悲しい。

　　最後の問題、ここまで一緒に授業をやってきた、みんなのことだから、すぐにわかってくれたよね？

「え？　どうした？　わからないって？」

みんなとのお別れが悲しくて、先生が流す涙だよ！世界で一番小さな海は！

　　それくらい先生は君たちとのお別れが悲しいんだ。

先生が、君たちと再会できる道は、君が「この本、今年一番面白かった！」と、SNSでシェアしてくれ、ベストセラーになって、君の前に戻ってくる。

　　これしか道はないんです。

　　頼んだよ。それこそが先生を目に見えて幸せにする方法です（笑）。

さて、まじめな話。

僕は学生の頃、
ほんとうは先生になりたかったんです。

でも、当時、僕は極度の人見知り。

先生になるには教育実習をして、学校で実際に40人ほどのクラスの生徒を前に授業をしないといけないと知り挫折しました。

40人の前で話すなんて、赤面症の僕には、当時、不可能だって思えたんです。

それでも先生になりたくて、あきらめきれずに、学生時代は明光義塾という塾で先生のアルバイトをずっとしていました。

そこは、1対1で教える塾だったので、人見知りの僕にもできたんです。

学生時代の最後には、友人に誘われて、自分たちの学習塾も開きました。

それくらい「先生」という仕事に僕は憧れていたんです。

自分たちで作った塾に、生徒たちに読んでほしい

本や漫画をズラリと本棚に並べてる時は楽しかった
な。

人生は美しいんだ。
生きてるって奇跡なんだ。
真理を伝え、君の無限の
可能性の扉を開けること。

　それができる「先生」という仕事は、なんてすば
らしいんだろうと思っていたんです。

　君のおかげでこうして、授業をやれたこと、教壇
に立てたこと、先生はほんとうにうれしく、ありが
たく、そして誇りに思っています。

　ではいよいよ……
　最後にあなたに伝えたい話をします。
　最後の授業です。

これから起こるすべての人生の問題で、
100点満点をとれる
「究極の人生の見方」を伝授します。

学校のテストというのは、答えを探す必要がありました。今回の授業のように。

　しかし、このおわりの会以降、もう、あなたは人生の答えを探す必要はなくなります。

　なぜなら、「真実の答え」はいつも１つしかないからです。

　その答えを言う前に、まずは、先生のある朝のエピソードをお伝えします。

　新潟の実家に泊まった時のことです。

　階下からの母の大きな声で目覚めました。

　普段、穏やかな母が珍しく声を荒らげているのです。これは非常事態です。

　僕は飛び起きて１階の居間に飛び込みました。

　すると、母は父とケンカしていたのです。

　原因は、僕の妻が贈った、僕の父への誕生日プレゼントでした。

　父の誕生日に、僕の妻が贈ったお菓子を父は食べずに、弟夫妻にあげてしまったというのです。

弟夫妻もそのお菓子がうちの妻からのプレゼント
だということはもちろん知りません。

　僕の妻がせっかく父にと選んで贈ってくれたお菓
子。それは今まで見たことのないような豪華なパッ
ケージだったそう。

　それを中も見ずに渡すなんて、**僕の妻の愛を台無
しにした！**　と、母は涙目になり父に怒っていたの
です。

　これほど怒る母は見たことがなかったのですが、父
も昔の話まで持ち出して泥沼のケンカに。僕は慌て
て仲裁に入りました。

「とおちゃんは、それがいいものであるほど、自分
じゃなくて子どもたちにあげたいんだよ。自分は何
もいらないって思ってるんだ。

　だから、これはとおちゃんの愛なんだ。

　一方、かあちゃんも僕の妻を思いやってくれての
ことだから、かあちゃんも愛。

愛と愛のケンカはドロー。
引き分けだよ！」

すると、かあちゃんの涙が止まって、真顔で僕に
こう言ったんです。

「あんた！
**　このこと、本に書いていいから、**
**　そんなすばらしい、ものの見方、**
**　早く読者さんに教えてあげなさい！」**

　さすが、うちのかあちゃん。どこまでもひすいファン＝ヒスラーです！（笑）
　父はそういう人だったと改めて気づいたそうです。

　こうして母と父のケンカは僕が仲裁に入り３秒で
終了。お昼は３人で仲良くかあちゃんが鶏のガラか
らスープをとったラーメンを食べたのでありました。

　さて、ここで冒頭の話に戻ります。
　学校のテストというのは、答えを探す必要があり
ました。

　しかし、このおわりの会以降、もう、あなたは人
生の答えを探す必要はなくなります。

なぜなら、答えはいつも決まっているからです。

人生の真実の答えは、
いつもまる見えなんです。

その答えは……

=LOVE
The answer is LOVE.
答えは
いつも愛なんです。

　お母さんが勉強をしない子どもにイライラするの
は、子どもに幸せになってほしいからです。

　だから、隣の家の子がどんなに勉強しなくてもイ
ライラしない（笑）。

「お母さんのことを好きになれない……」と言って
る人は、「お母さんに愛されたかった」と言っている
のと同じです。

「このままじゃダメだ……」と思ってる人は、ほん
とうはもっとできる自分の可能性をどこかで信じて
いるからです。

　戦争をしてる人たちだって、ほんとうは争いのな
い平和な世界を望んでいるんです。

上司の無能さに腹が立つ人は、自分なら会社をもっとよくできるって心の深いところで思ってるからです。

　部下のミスに怒り心頭の時は、それだけ「彼ならやれる」って部下を信頼していたからです。

　あの人といると気を使って疲れるって時は、ほんとうはその人に嫌われたくないっていう思いがあるからです。

　自分を嫌ってるとなんでモヤモヤするかというと、ほんとうは自分を好きになりたいからです。

　ひどいことをされて恨んでる人は、ひどいことをされても、それでもその人を嫌いになりたくなくて恨むところまでがんばりすぎてしまった人です。

　ひどいことをされても、なお愛したかった。

それこそ愛の人です。

「ナヤミ」（悩み）というコインの裏側は、いつだってほんとはこうしたい、こうありたいという「ノゾミ」（望み・愛）があるんです。

「ナヤミ」こそが、ほんとの「ノゾミ」に気づかせてくれるサインだったのです。

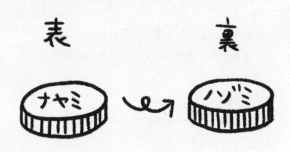

大人の答えは愛。
いつも決まっています。

　よかったね。これで、もうテストの問題を解く必要はありません。

**　今、あなたが置かれている状況、環境の中で**
＝LOVEを見出す。それが人生ゲームです。

そしてどう考えたら、

= LOVE

The answer is LOVE.

　にたどり着けるか、その考え方は、ここまでずっと授業でやってきました。

　人生に対する真実の答えを知ったあなたは今日で卒業です。

　次は、先生と生徒の関係じゃなくて、友達として会おう。

= LOVE
The answer is LOVE.
答えはいつも愛。

大好きです。
出会ってくれてありがとう。

ひすいこたろうでした。
Universe Thank you！
▲▲▲アリガ島▲▲▲

ひすい先生、
アンコール

アンコール

アンコール

アンコール

アンコール

アンコール

アンコール

アンコール

アンコール

アンコール

アンコール
アンコール
アンコール

え――――。アンコールしてくれたの？

授業でアンコールがあるなんて、先生、うれしい！

これが自作自演アンコールじゃないことを祈るばかりだよ（笑）。

では君に、ラストメッセージを贈ります。

深呼吸をして次のページを開いてください。

とはいえ、そんな感動的なこと書いてないからね（笑）。

ラストメッセージ

右手を頭の上に乗せてください。

それを時計回りに、ぐるぐるぐると回してみてほしい。

以下は回しながら声に出して読んでください。

「よーし、よーし
よーし、よーし
いい子、いい子♪
いい子、いい子♪
えらい、えらい」

これぞ、
遠隔よしよしです！（笑）

僕の夢だった、

先生という役をやらせてくれてありがとうね。

夢のような時間でした。

生まれてきてくれてありがとう。

存在してくれてありがとう。

また会える日まで。

君をいつまでも見ていたかった。

君が君のままで大好きだよ。

　　　　　　　　　ひすいこたろう

追伸

人生で辛いことがあった時に、

この本のカバーの裏側をみてね。

次はここでお会いしましょう。

ひすい最新情報やイベント NEWS は LINE公式アカウントから。

https://lin.ee/eCQFwXM

いま登録いただくと、ひすいお気に入りの
4つの名言解説音声もプレゼント中！

大人気！　18万人登録突破！
YouTube チャンネル

名言セラピーほぼ毎日配信中。
見てね！

本の感想やファンメールも寝ずにお待ちしています(笑)。

■ ひすいこたろうメールアドレス

　hisuikotaro@hotmail.co.jp

■ ひすいこたろう BLOG

　https://ameblo.jp/hisuikotarou/

スペシャルサンクス

岸田健児（一度、仕事をしてみたかった編集者さん。
岸田さんの恐るべき編集力で見違えるように楽しい
本になりました。僕も天才ですけど、あなたも天才
でした（笑）。心から感謝！）
新井一哉（この本を気にいってくださり文庫化して
いただき、めっちゃうれしかったです！）

大場君人（40回を超える膨大なラリーをくり返し、
最高のデザインを見出してくれてありがとう！）

ミッチェルあやか（HISUI・BRAIN。いつも原稿を最
高にブラッシュアップしてくれてありがとう。おか
げで作家生活12年、集大成となる作品ができました）

さだまさしさん（大ファンです。おゆるしください）

そして、僕の「ものの見方」を進化させてくれた先
生、そして友人たち
小林正観　衛藤信之　矢野惣一　雲黒斎
野澤卓央　吉武大輔　小玉泰子　小野誠　いちさん
Hiroki　ほんとも隊長　武智俊典

※敬称略させていただきました！

今度は
YouTube
名言セラピー
で会おう♪

参考文献&出典

- 趙昌仁 (2002)『カシコギ』金淳鎬訳,サンマーク出版.
- 森沢明夫 (2015)『きらきら眼鏡』双葉社.
- 田坂広志 (2009)『目に見えない資本主義-貨幣を超えた新たな経済の誕生』東洋経済新報社.
- 神渡良平・小林正観 (2008)『神さまが教えてくれた幸福論』致知出版社.
- P. F. ドラッカー (2010)『[英和対訳] 決定版　ドラッカー名言集』上田惇生編訳,ダイヤモンド社.
- 鈴木俊輔 (2010)『ことだまの科学-人生に役立つ言霊現象論』明窓出版.
- 白井剛史 (2017)『愛を味方にする生き方-人生があがっていく宇宙マッサージ』青林堂.
- やなせたかし (2011)『絶望の隣は希望です!』小学館.
- やなせたかし (1995)『もうひとつのアンパンマン物語-人生は、よろこばせごっこ』PHP研究所.
- 半田広宣 (1997)『2013:人類が神を見る日-プレアデス次元からオリオン次元へ。今、シリウスの力が地球に降誕する。』徳間書店.
- 半田広宣 (1999)『2013:シリウス革命-精神世界、ニューサイエンスを超えた21世紀の宇宙論』たま出版.
- 三木雄信 (2011)『孫正義名語録-事を成すためのリーダーの心得100』SBクリエイティブ.
- イグゼロ (2012)『あなたの大嫌いな人が100%考えていること』きこ書房.
- 寺山修司 (2000)『寺山修司-目を醒まして、歌え』鶴見俊輔監修,日本図書センター.
- 斎藤一人 (2011)『成功脳』ロングセラーズ.
- 雲黒斎 (2010)『あの世に聞いた、この世の仕組み』サンマーク出版.
- きつかわゆきお (2009)『ホントに欲しいものを、言ってみな!-深呼吸和歌集』発行/オンブック,発売/日販アイ・ピー・エス.

- ひすいこたろう（2015）『あなたの人生がつまらないと思うんなら、それはあなた自身がつまらなくしているんだぜ。- 1秒でこの世界が変わる70の答え』ディスカヴァー・トゥエンティワン.
- ひすいこたろう（2014）『ものの見方検定 - 「最悪」は0.1秒で「最高」にできる！』祥伝社.
- ひすいこたろう（2015）『子どもはみんな天才だ！』PHP研究所.
- ひすいこたろう・ひたかみひろ（2012）『ニッポンのココロの教科書 - 日本にある世界一幸せな法則38』大和書房.
- ひすいこたろう・はるねむ（2015）『面白いほど幸せになる漢字の本（中経の文庫）』KADOKAWA.
- ひすいこたろう・柴田エリー（2016）『絶望は神さまからの贈りもの』SBクリエイティブ.
- ひすいこたろう・はせくらみゆき（2014）『22世紀的「人生の攻略本」起こることは全部マル！- 3時間で新しい自分になれるワークブック』ヒカルランド.
- ひすいこたろう・ひたかみひろ（2011）『運命の流れを変える！しあわせの「スイッチ」（王様文庫）』三笠書房.
- ひすいこたろう・アイコ，マクレーン（2014）『3秒でハッピーになる名言セラピー - 英語でしあわせ編』ディスカヴァー・トゥエンティワン.
- あなたの父・あなたの母（2017）『あなたこそ私の目に見える幸せ』ムーンマーク出版.

- 矢野惣一（2009）「癒されながら夢が叶う『優しい生き方』の心理学」〈https://ameblo.jp/mentalconsultant/〉.
- 西野亮廣（2016）「『魔法のコンパス』キングコング西野オフィシャルダイアリー」〈https://lineblog.me/nishino/〉.
- 雲黒斎（1999）「いまさらながらの原点回帰　あの世に聞いた、この世の仕組み」〈http://blog.goo.ne.jp/namagusabose〉.
- 小玉泰子（2015）「MANAYUI official website」〈http://www.manayui.com/〉.

- さとうみつろう（2000）「さとうみつろうオフィシャルブログ『笑えるスピリチュアル』」〈https://ameblo.jp/mitsulow/〉.
- Vanessa Buote（2008）「ライフハッカー［日本版］-『本当の幸せ』を科学的に解明してみると」〈https://www.lifehacker.jp/2015/09/150926_research_happiness.html〉（参照2015-9-26）.

写真クレジット

サンマーク
文庫

世界一たのしくてためになる「幸せ」の授業

2023 年 6 月 30 日　初 版 発 行
2024 年 6 月 10 日　第 4 刷発行

著者　ひすいこたろう
発行人　黒川精一
発行所　株式会社サンマーク出版
東京都新宿区北新宿2-21-1
電話 03-5348-7800

フォーマットデザイン　重原 隆
印刷・製本　中央精版印刷株式会社

落丁・乱丁本はお取り替えいたします。
定価はカバーに表示してあります。
©Kotarou Hisui, 2023 Printed in Japan
ISBN978-4-7631-6142-0 C0130

ホームページ　https://www.sunmark.co.jp

人生が変わる朝の言葉

ひすいこたろう

一日の始まりを、最高のスタートにするために。天才コピーライターが贈る、「毎朝1分」の読むサプリ。

700円

脳からストレスを消す技術

有田秀穂

セロトニンと涙が人生を変える! 脳生理学者が教える、1日たった5分で効果が出る驚きの「心のリセット法」。

660円

「そ・わ・か」の法則

小林正観

「掃除」「笑い」「感謝」の3つで人生は変わる。「宇宙の法則」を研究しつづけてきた著者による実践方程式。

600円

宇宙の根っこにつながる生き方

天外伺朗

先端技術の開発者だった著者が、「科学」と「あの世」の接点と新しい生き方を語った話題作。

524円

アホは神の望み

村上和雄

バイオテクノロジーの世界的権威がたどり着いた、ユニークな視点からの「神の望むアホな生き方」とは?

600円

※価格はいずれも本体価格です。

サンマーク文庫

好評既刊

科学がつきとめた「運のいい人」	**生き方は星空が教えてくれる**	**「福」に憑かれた男**	**もう、不満は言わない**	**小さいことにくよくよするな!**
中野信子	木内鶴彦	喜多川泰	W・ボウエン 高橋由紀子＝訳	R・カールソン 小沢瑞穂＝訳
気鋭の脳科学者、原点のベストセラーが待望の文庫化。誰でも「強運な脳」の持ち主になれる! 700円	世界的な彗星捜索家が臨死体験でかいま見た宇宙のしくみと地球の未来。ロングセラー、待望の文庫化! 800円	閉店に追い込まれた小さな本屋が起こした奇跡。人生の困難にぶつかったとき、何度も読み返したくなる物語。 600円	21日間不平不満を言わなければ、すべてが思いどおりに! 全世界で980万人の人生を変えた秘密。 700円	すべては「心のもちよう」で決まる! シリーズ国内350万部、全世界で2600万部を突破した大ベストセラー。 600円

※価格はいずれも本体価格です。